特捜検察の正体

弘中惇一郎

講談社現代新書

2713

・本文一部敬称略。
・登場人物の肩書・役職等は、特に断りのない限り、当時のものである。

まえがき　特捜検察、二〇の手口

特捜部は「オリンピックの闇」に切り込んだのか

東京オリンピック・パラリンピックをめぐる贈収賄疑惑は、五つの贈賄ルートで計一五人が起訴されることとなった（東京五輪汚職事件）。さらに、各競技のテスト大会や本大会の計画立案支援業務に入札談合の疑惑も浮上し、業務の発注側・受注側の担当者ら計四人が、独占禁止法違反（不当な取引制限）容疑で逮捕された（東京五輪談合事件）。

これらの事件は、いずれも東京地検特捜部が挙げたヤマである。

私は、喜田村洋一弁護士らとともに、東京五輪汚職事件のいわゆる「KADOKAWAルート」で逮捕・起訴された同社の元会長、角川歴彦《つぐひこ》氏の弁護をしている。

国民の多くは、東京五輪汚職事件について、特捜検察が日本を代表する紳士服販売会社の元会長や出版社の会長（当時）らを逮捕し、元電通幹部や電通本社にまで捜査を展開して、これまで深い闇に覆われていたオリンピック利権に果敢に切り込んだ、というイメージを持っているようである。「さすがは日本の特捜検察」と思っている人も少なくないであろう。

しかし、角川氏の弁護に取り組んでみて、現実には多くの人が思っているような「立派な捜査」ではないことを私は実感している。むしろ、本件は、昔から繰り返されている「特捜検察の暴走」が生み出した事件だと言えるだろう。

東京五輪汚職事件には、いくつか腑に落ちない点がある。たとえば、贈賄罪で摘発された企業にとって、「贈賄」をしてまで何か得になることがあったのか、ということである。オリンピックのスポンサーには四つの階層があり、階層が下にいくほどスポンサーとしての権利が制限される。今回の事件で起訴されたKADOKAWAや大手紳士服のAOKIホールディングス（以下、AOKI）は、階層的には末端の「オフィシャルサポーター」であった。

KADOKAWAの場合、スポンサー選定で便宜を図ってもらう見返りに、大会組織委員会の理事を務めていた電通出身の高橋治之氏に、計約七六〇〇万円の「賄賂」を渡したとされている。同社は、オフィシャルサポーターとして、東京オリンピック・パラリンピックの公式ガイドブックを制作・販売した。

しかし、これは出版社として、とうてい儲かる事業ではなかった。報道では「巨悪」のように扱われているが、スポンサーとして行ったビジネスは得をするどころか、むしろ赤字覚悟の「慈善事業」だったのである。

いわば、お祭りの奉加帳に名を連ねたら事件化されたようなものだ。それで訴えられたAOKIの前会長・青木拡憲《ひろのり》氏は、二〇二三年四月二一日、東京地裁で懲役二年六ヵ月、執行猶予四年の有罪判決を受け、同年五月九日に判決が確定した。

一方で、大会組織委員会の中枢にいた森喜朗元首相をはじめとする自民党の有力政治家や竹田恒和《つねかず》JOC元会長、東京五輪のメインスポンサーだった企業各社、IOCの中枢には、捜査の手がまったく及んでいない。東京地検特捜部は、一連の汚職疑惑が浮上すると、大会組織委員会会長だった森氏や副会長だった竹田氏に任意で事情聴取はしたものの、それ以上のことは何もしていない。

本件は、国民が快哉《かいさい》を叫ぶような事件ではなく、特捜検察の実績づくりのための事件に過ぎない、と言えるのではないだろうか。

否認を続けると保釈されない

起訴されたKADOKAWAの幹部三人のうち、元専務と元五輪担当室長の二人は、争わない姿勢を示して保釈された。

しかし、角川元会長だけは一貫して容疑を全面的に否認したため保釈が認められず、東京拘置所で年を越すこととなった。四度目の保釈請求がようやく認められたのは二〇二三年四月二七日で、角川氏の身柄拘束期間は通算二二六日間に及んだ。保釈請求がなかなか認められなかった理由は、「逃亡や証拠隠滅の可能性がある」ということである。

起訴当時、角川氏は七九歳と高齢であるうえ、不整脈の持病があって手術を予定しており、「逃亡」など想像もできない身だった。「証拠隠滅」の可能性も考えられないことだったが、それでも角川氏が会社関係者に働きかける可能性があるというのであれば、保釈条件として、それらの者との接触を禁止すれば足りた。

しかし、否認を続けている被告人の保釈を認めないのは、角川氏の場合に限らず、むしろ一般的なことなのだ。否認を続けていると、保釈が認められないだけでなく、仮に有罪となれば、否認していたことから情状悪質とされて、執行猶予がつかない危険もある。

「争うのなら一生出られないようにしてやる！」という取調官の脅迫めいた言葉は、テレビドラマや小説のなかだけのことではなく、現実味のある話なのである。

このような「人質司法」が冤罪を生む大きな要因となっていることは、以前から指摘されている。たとえば、三〇年近く前に私が担当した安部英《たけし》医師薬害エイズ事件でも、角川氏と同様に高齢で持病のあった安部氏が、人質司法の責め苦を受けた。

一九八五（昭和六〇）年、帝京大附属病院でＨＩＶ（いわゆるエイズウイルス）に汚染されていた非加熱製剤を投与された血友病患者が、のちにエイズを発症し、死亡したとして、一九九六年、同大学の副学長で同病院内科長だった安部氏は、業務上過失致死容疑で東京地検特捜部に逮捕された。

逮捕当時、安部氏は八〇歳を超え、心臓病の持病があったが、連日、車椅子に乗せられて取調室に連れていかれ、一日七時間以上の取り調べを受け、検察官から自白を強要された。安部氏は体調を大きく崩し、精神的にもボロボロになって病舎に入ったが、検察官はそこにも毎日やってきて取り調べを続け、「私は勉強不足でした」という内容の調書を無理やり取り、安部氏を起訴した。

1996年10月25日、約2ヵ月ぶりに保釈が認められて、東京拘置所をあとにする安部英氏。著者が支えないと歩けないくらい衰弱していた

安部氏の勾留期間は五六日に及んだ。ようやく保釈が認められて東京拘置所を出たときには、私が横から腕を支えないと、まともに歩くこともできない状態であった。

近年、私が担当したカルロス・ゴーン事件でも、人質司法が相も変わらず繰り返され、国際的に厳しく批判された。
特捜検察の暴走は、昔も今も変わっていないと思わざるを得ない。

皮膚感覚で学んだ特捜検察の怖しさ

これまでに私は、さまざまな特捜事件を弁護人として担当してきた。特捜事件を専門としているわけではないが、なぜか、たまたまそうなったのである。生《なま》のバトルを通じて、特捜検察の捜査の問題点を、いやというほど見せつけられてきた。

普通の生活を送っている人は、「特捜部のお世話になることなど一生ない」と思っているだろうし、特捜部の捜査や取り調べがどのように行われているのかも、よく知らないだろう。しかし、被疑者としてではなくても、参考人として特捜部に突然呼ばれて話を聞かれたり、事件関係者とみなされて供述調書を取られたりする可能性は、ゼロとは言えない。

私が担当した特捜事件でも、そのような状況に陥って苦しむ人たちがたくさんいた。

特捜検察をテーマにした本は多いが、大半は、元特捜検事や特捜検察を知悉《ちしつ》したジャーナリストによるもので、弁護人が書いたものは意外と少ない。特捜検察の捜査や取り調べの実態、特捜検察が抱える構造的問題などを、弁護士の立場から明らかにし、広く知ってもらう必要があるのではないかと考え、本書を世に出すことにした。

私に書けるのは、実際の弁護活動から得た特捜事件の特徴や、皮膚感覚で学んだ怖しさである。そこで本書では、私がこれまでに取り組んだ特捜事件を例として、多分に問題のある捜査のやり方、被疑者・被告人に対する扱い、メディア・裁判所・弁護人への対応などについて、具体的な「二〇の手口」という切り口で示し、論じることにした。現在進行中の特捜事件についても、可能な範囲で言及している。「二〇の手口」には通常の刑事事件に共通するものもあるが、特捜事件ではより顕著なものとなる、というのが私の実感である。

本書の構成と主な内容

本書では、「二〇の手口」のほかに、特捜検察が抱える構造的な問題や、一般市民が事件に巻き込まれた場合の防御策などについても、可能な限り記したつもりである。各事件の当事者、事件を担当した検察官や裁判官についても、可能な限り実名で記した。

以下は、本書の構成と主な内容である。

序章では、検察庁の組織構造と特捜部の位置づけ、特捜部の歴史と主要な特捜事件、特捜事件の特徴などをガイダンス的に紹介するとともに、私なりに考える特捜事件のタイプ分類などについて論じた。

第一章では、特捜部の強引な捜査が「検察による証拠改竄《かいざん》」という前代未聞の不祥事を引き起こした「村木厚子《むらきあつこ》事件」を中心に、特捜検察が供述調書をいかに恣意的《しいてき》に作っているか、その手口を取り上げた。供述調書は供述内容を正しく反映したものではなく、特捜部が描いたストーリーに沿って内容が「作文」されているということは、読者にとって大きな驚きであろう。

第二章では、村木厚子事件を中心にして、特捜検事たちが思い通りの調書を取るために、被疑者や参考人に対してかけてくるさまざまの圧力、いわば「脅し、すかし」の手口を取り上げた。村木事件では、村木さんを犯人に仕立て上げるために、特捜検事が事実と異なる内容の調書を作成していた。その調書に署名押印させられた被疑者の、「保釈という甘い餌の誘惑に負けてしまった」という肉声は悲劇的である。また、特捜検察による圧力は、被疑者の家族や親族、仕事関係者や友人らに及ぶことさえある。

第三章では、村木事件、カルロス・ゴーン事件、小沢一郎《おざわいちろう》事件、鈴木宗男《すずきむねお》事件などを例にして、先に言及した人質司法の具体的な手口を取り上げた。身に覚えのない罪であっても、認めないと長期勾留を強いられ、勾留期間を延ばすために再逮捕、再々逮捕が続くこともある。長期勾留で心理的に追い込まれた人の苦悩は計り知れず、トラウマとして長く残る。また、参考人であっても、繰り返し任意聴取をされて時間的・経済的な負担を強いられるのである。

第四章では、特捜検察が情報操作で被疑者・被告人に「犯罪者」のイメージを植え付ける手口を取り上げた。意図的な情報リークや情報統制による世論の誘導は、目に余るものがある。特捜事件でしばしば検挙される政治家や大企業の経営者などは、知名度が高いがゆえに、たとえ無罪判決を受けたとしても、あとあとまでダークなイメージを払拭《ふっしょく》できず、さまざまな不利益を被ることにもなる。

第五章では、特捜検察が裁判所を欺《あざむ》いて有罪の心証を取る手口を取り上げた。虚偽内容の調書の信憑性《しんぴょうせい》を高めたり、その逆に、供述内容の信頼性を落としたりと、被疑者の「灰色部分」を強調する手口はさまざまにある。ときには、証人尋問の「想定問答集」を押し付けて、検察側に都合のいい証言をさせる「シナリオ尋問」を行うことさえある。その「想定問答集」の具体的な内容も、この章では紹介する。

第六章では、具体的な「手口」を離れ、検察組織の危険な体質について論じた。村木事件で発覚した「証拠改竄事件」を機に、検察改革が行われたが、むしろ、検察はこの改革を利用した「焼け太り」に熱心である。他方で、ゴーン事件で「共犯」とされたグレッグ・ケリー氏の一審判決は「大半無罪」となり、同事件に関連する私の事務所の家宅捜索事件でも特捜部は敗訴した（詳細はP245〜246参照）。特捜検察の「体質改善」の重要性も、この章の重要なテーマだ。

第七章では、近年の特捜検察が「巨悪」を追わなくなった背景や、二〇二二年に厳罰化された「侮辱罪」の危険な要素、裁判の効率化のために導入された公判前《こうはんぜん》整理手続や裁判所そのものの問題点などを論じるとともに、そもそも特捜部は必要なのかというテーマについて私見も述べた。

これまで十指に余る特捜事件と取り組んできた私としては、「巨悪と闘う日本最強の捜査機関」とも言われる特捜検察の真の姿を、本書を通じて一般市民の方々に広く知っていただきたい、という思いが強い。

報道機関の方々、裁判官や弁護士、警察官や検察官、そして本書の「主役」である特捜検事の方々が、この本を手に取って日本の司法制度の問題点を今一度考えていただけるようになれば、著者としてこれほど嬉しいことはない。

目次

尋問で明らかになった上村調書の作文の実態／「可能性」を「断定」にすり替える／手口④　ストーリーに合わない不都合な証拠を隠蔽・改竄・破棄／主任検事による証拠の改竄／担当検察官全員が取り調べメモを廃棄／【常態化する証拠の隠蔽・改竄・破棄――カルロス・ゴーン事件ほか】／特捜部は控訴の準備をしていた

第二章　裏司法取引

手口⑤　別件捜査で相手の弱みを突く／収賄容疑で関係者に圧力をかけた検察／事件と無関係な粗探し／手口⑥　保釈や量刑をちらつかせて検察に有利な供述を引き出す／低額の保釈金で露骨な利益誘導／「裁判のことが心配」という脅し／【贈賄側と特捜部の利害が一致――秋元司ＩＲ汚職事件】／贈収賄事件に多い裏司法取引／弁護側の客観的証拠はすべてはねつけられた／「検察に取り込まれるほうが有利」という状況づくり／「証人買収」という裏取引はあったのか／【横領犯を証人に仕立てて「オウム裁判」の弁護活動を妨害――安田好弘弁護士事件】／国策捜査で「目障りな弁護士」を弾圧／一二年に及ぶ裁判と「壮大な妥協判決」／手口⑦　家族や親しい人を「事情聴取する」「逮捕するぞ」と言って、圧力をかける／手口⑧　社会的抹殺を示唆して、圧力をかける／「会社を守りたいなら言うとおりにしろ」／陳述書から浮かび上がる特捜部の意図／【「知事を抹殺する」と言った特捜検事――佐藤栄佐久福島県知事事件】

第三章　「人質司法」という拷問

手口⑨　長期勾留で被疑者・被告人を心身ともに追い込む／早く拘置所から出たくて、検察の言いなりに……／無実を主張して一六四日間も身柄拘束／長期勾留が心身に及ぼす深刻な影響／同じ容疑で二度逮捕されたカルロス・ゴーン氏／勾留を引き延ばすために三度目の逮捕／「口封じ」のために四度目の逮捕／保釈後も続いた人質司法／検察の露骨な「裁判引き延ばし作戦」／国連も問題視した弁護人立会権の軽視／手口⑩　被疑者や参考人に繰り返し事情聴取し、時間的・経済的な負担を与える／事実と異なる証言は、なぜ出てくるのか／交通費も宿泊費も自己負担の取り調べ／参考人聴取に仕組まれた罠／検察官は、黙秘権を行使されないように告知する／【十数回の取り調べも当たり前――河井克行夫妻選挙違反事件】／手口⑪　家族や部下を「人質」にして揺さぶりをかける／特捜部長でさえ動揺した「妻への事情聴取」／保育園への「お迎え」を許さなかった検察官／元秘書を死に追いやられた鈴木宗男氏／精神疾患で入院中の元秘書への「拷問」／手口⑫　弁護人、支援者、事件関係者を切り離して、有効な抗弁を封じる／手口⑬　被疑者や参考人に虚偽の情報を与えて誘導する／架空の証拠でつくられた「記憶」／存在しない関係者の供述で誘導／「記憶」を捏造するテクニック

の所在をめぐり、検察官から執拗な電話が……／【重用した部下に裏切られた老医師――安部英医師薬害エイズ事件】／シナリオ尋問に応じても偽証罪に問われない不思議／手口⑳被疑者の灰色部分をフレームアップして心証形成／些細な問題や解釈が分かれる問題を、「大犯罪」であるかのように仕立て上げる／課徴金で済むはずの事案で実刑判決を下されたホリエモン

第六章　特捜検察は変わっていない――203

村木事件をきっかけに始まった「検察改革」／法制審議会での意見陳述／取り調べの可視化は全事件の数パーセント／検察改革を利用した「焼け太り」／リハーサルで「完璧な自白動画」を作り上げる／取り調べの可視化と「ヤメ検」の問題／弁護人の立ち合いで懸念される二つのこと／特捜検察が得た新たな〝武器〟、日本版司法取引／デジタルな証拠の問題点／改正通信傍受法とGPS捜査にも懸念が／検察首脳の「調書重視」発言／特捜検察の体質は変わっていない／法制審議会の議論は何のためにあったのか／「大半無罪」だったケリー氏の一審判決を検討する／特捜部の大暴走――事務所の家宅捜索／押収拒絶権の解釈を明確にした画期的判決

第七章　さらなる暴走を食い止めるには――249

検察の裏金疑惑／特捜検察はなぜ「巨悪」を追わなくなったのか／危険な要素のあ

序　章　特捜事件とはなにか

特捜部は「狭き門」

特捜部（正式には特別捜査部）は、検察庁のなかの一つの部署である。

検察庁は、裁判所に対応して、最高検察庁（最高検）、高等検察庁（高検）、地方検察庁（地検）、区検察庁（区検）の四種類があり、ピラミッド型に組織されている（左図）。特捜部があるのは地検で、東京地検、大阪地検、名古屋地検の三つだけに置かれている。

内閣官房の「検察官在職状況統計表」によると、二〇二二年七月一日現在、全国の検察官の総数（検事総長から副検事に至るまでの合計）は二七五四人で、そのうち検事の数は一九四四人である。東京地検特捜部の場合、検事の数は三〇～四〇人だというから、特捜部に配置される確率は二パーセントになるかならないかで、かなりの「狭き門」ということになる。

よく言えば少数精鋭だが、特捜検事から「自分たちは選ばれたエリートである」という意識が強く感じられるのは、そのためかもしれない。

暴走の要因はなにか

特捜事件が通常の刑事事件と違うのは、「独自に捜査できる」ことである。

検察庁の組織図

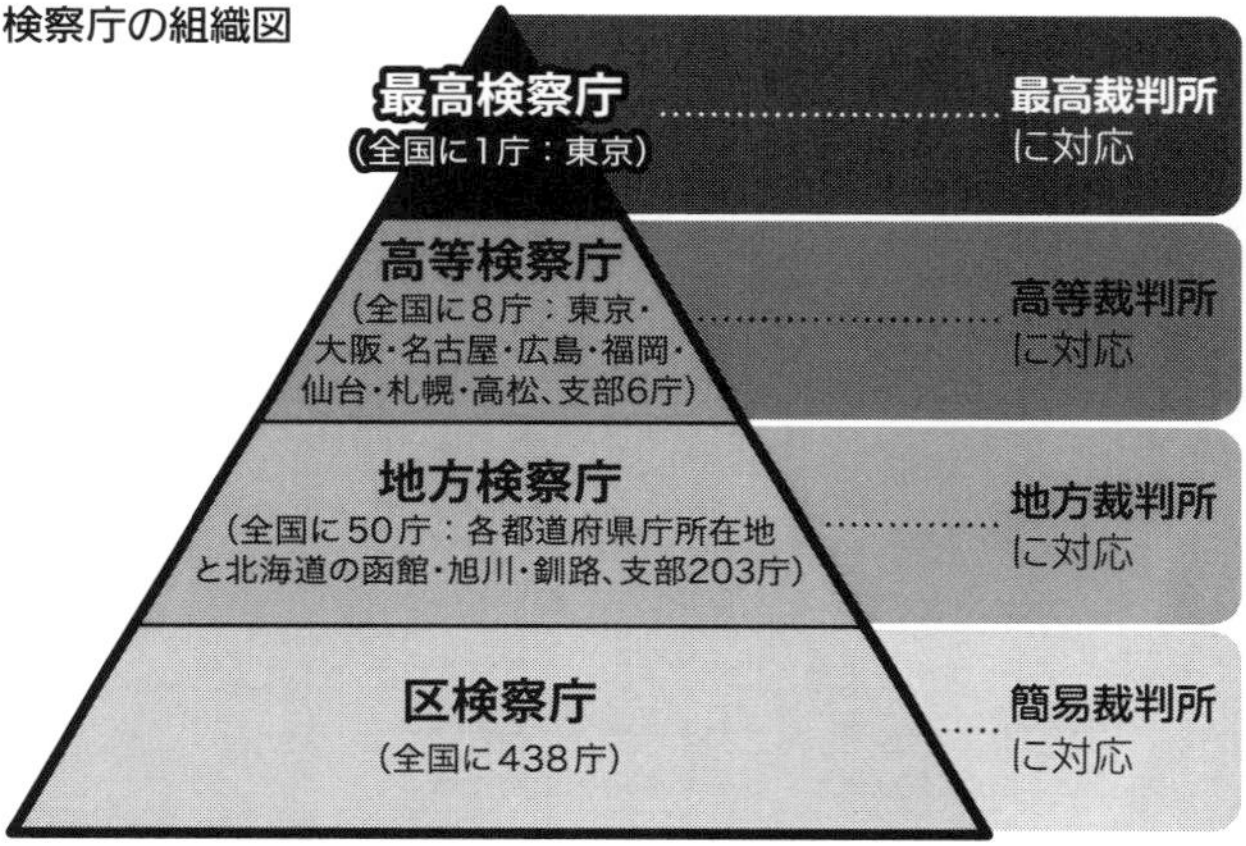

通常の刑事事件は、捜査をまず警察がやる。もちろん事件によっては、警察が検察と連絡を取り、検察の意見も聞きながら捜査をすることもあるが、捜査の主体は警察である。

警察がひととおり捜査を終えると、検察に捜査書類や証拠物が送られてくる。それらを検討するところから、検察の捜査が始まる。被疑者や重要な関係者には改めて取り調べを行うが、検察の捜査はあくまでも「補充」である。

一方、特捜事件は、初めから検察、つまり特捜部が捜査を行う。

警察とは関係なく、自分たちで「これはいけそうだぞ」というネタを探してきて、事件になりそうかどうかの検分から特捜部が始める。一般人からの告訴事件や、行政庁から送

東京地検における特捜部（特別捜査部）の位置づけ

（検察庁ホームページより転載・一部改変）

検事正	次席検事	事務局	総務課	厚生等に関する仕事
			人事課	人事や給与等に関する仕事
			文書課	文書の授受発送等に関する仕事
			会計課	予算や国有財産等に関する仕事
			用度課	物品の受入、払出及び保管等に関する仕事
		総務部	企画調査課	企画調査や情報の公開等に関する仕事
			情報システム管理課	検察情報処理システムの管理等に関する仕事
			教養課	教養指導等に関する仕事
			司法修習課	司法修習生の修習指導等に関する仕事
			監査課	事務監査等に関する仕事
			検察広報官	広報活動に関する仕事
			（検務部門）検務監理官 統括検務官 検務専門官	事件の受理処理等に関する仕事
				証拠品の受入、保管や処分等に関する仕事
				令状請求やその執行等に関する仕事
				刑の執行等に関する仕事
				徴収金等に関する仕事
				逃亡被告人の収容等に関する仕事
				犯歴の調査等に関する仕事
				恩赦や保護等に関する仕事
				記録の保存等に関する仕事
		刑事部	（捜査・公判部門）首席捜査官 次席捜査官 統括捜査官 主任捜査官	刑事事件の捜査等に関する仕事 刑事事件に係る資料の収集整備等に関する仕事
		交通部		交通関係事件の捜査等に関する仕事 交通関係事件に係る資料の収集整備等に関する仕事
		公安部		公安関係事件の捜査等に関する仕事 公安関係事件に係る資料の収集整備等に関する仕事 国際関係事件の捜査等に関する仕事 国際関係事件に係る資料の収集整備等に関する仕事
		特別捜査部		特別事件の捜査等に関する仕事 特別事件に係る資料の収集整備等に関する仕事
		公判部		公判運営等に関する仕事 公判遂行に係る資料の収集整備等に関する仕事

られてくる告発事件もあるが、肝要なのは、検察自身が発掘した事件である。発掘のきっかけは、さまざまのところから送られてくる情報（たとえば内部告発や投書など）もあれば、別の事件の捜査過程で入手した証拠物や供述の場合もある。

このように、「警察の捜査を経ず、最初から自分たちで捜査できる」ことが、特捜事件の特徴だ。じつは、ここに大きな問題がある。

警察の捜査を経ている事件（たとえば殺人事件や放火事件など）の場合、検察は、警察がきちんと証拠を集めているか、この事件は筋が立つのだろうかといったことを、ある程度ニュートラルな状態で検討し、証拠が足りなければ警察に差し戻す。いわば、警察のプレーを検察が審判の目で見るわけで、その意味では健全と言える。

ところが、特捜事件は、検察が事件の発掘から捜査、証拠集めなどをすべてやる。つまり、検察官自身が、プレイヤーであり審判なのである。

自分自身に対する審判の目はどうしても甘くなり、自分に都合のいいように物事を進めたくなる。証拠についても、自分に都合のいいものばかり重視しがちになり、足りなければ証拠を作ってでも立件したいと思ってしまう。

プレイヤー兼審判であるということが、特捜検察を暴走させてしまうのである。

特捜事件はこうして始まる

特捜事件には主に三つのタイプがあり、特捜部が狙いをつける人たちの社会的な地位や立場は、タイプによって異なる。以下、タイプごとの特徴と、私が担当した事件の概要、事件の背景についての私見を述べる。人物の肩書はすべて当時のものである。

タイプ① 国策捜査型

ある政治的意図に基づき、特定の人物をターゲットにして、最初から何がなんでも逮捕・起訴することを前提に、その人物の何らかの問題を探し出し、捜査を進める。

ターゲットとされるのは、日本の政局を動かすような政治家、高級官僚、大物財界人、権威ある学者など、社会の中枢に位置する人物だ。したがって、事件当時の社会情勢や政治情勢を抜きにしては語れない事件ばかりである。

【鈴木宗男事件　二〇〇二年　東京地検特捜部】（事件の概要はＰ91〜94参照）

鈴木宗男衆院議員が、斡旋収賄罪、受託収賄罪、議院証言法違反、政治資金規正法違反に問われた事件。実刑判決が確定した鈴木氏は、一年間の服役後、特捜事件として初の再審請求をしたが認められず、即時抗告した。二〇二三年六月現在、東京高裁の判断が出るのを待っている。
事件の裏には、鈴木氏を中央政界から排除したい政権や外務省の思惑が窺《うかが》える。郵政民営化など、新自由主義的政策を掲げて自民党の中枢を支配しようとする小泉純一郎《こいずみじゅんいちろう》首相にとって、地元への公共事業の誘致などにも熱心な守旧的政治家の鈴木氏は、抵抗勢力の代表格のような存在だった。外務省にとっては、ロシア外交などで前例のない活動をしている鈴木氏が、目障りな存在だった。

【ライブドア事件　二〇〇六年　東京地検特捜部】（事件の概要はP200〜202参照）

ＩＴベンチャー企業「ライブドア」の堀江貴文《ほりえたかふみ》社長ほか同社幹部らが、証券取引法違反（風説の流布《るふ》、偽計《ぎけい》取引、有価証券報告書虚偽記載）に問われた事件。堀江氏は、同種の事件としては非常に重い、懲役二年六ヵ月の実刑判決が確定した。日本を代表するメディアグループを支配下に置こうとした野心的起業家に対する、既成勢力の反感を反映した量刑と言われた。

【防衛省汚職事件　二〇〇七年　東京地検特捜部】

守屋武昌《もりやたけまさ》前防衛事務次官が、装備品納入の便宜供与の見返りとして、防衛専門商社からゴルフ接待などを夫婦で受けたとされ、収賄罪と国会の証人喚問における偽証罪に問われた。守屋氏は省内で「天皇」と呼ばれるほどの実力者で、省内人事をめぐって小池百合子防衛大臣と対立していた。政治家から見ると「うるさすぎる役人」になっていたため、政府または防衛省には「守屋潰し」の強い意図があったと思われる。

【小沢一郎事件　二〇一一年　検察審査会・東京地検特捜部】（事件の概要はP196〜200参照）

民主党幹部の小沢一郎氏が、政治資金規正法違反（報告書への虚偽記載）で検察審査会に強制起訴された事件。形のうえでは強制起訴だが、実質的には「東京地検特捜部vs.小沢氏」の闘争だった。当時は民主党が自民党から政権を奪取し、政策の一つに「検察改革」を掲げていた小沢氏は、次期首相と目されていた。事件の裏に、小沢氏を政治の表舞台から引きずり降ろしたい自民党と検察の思惑があったことは確かだろう。

【カルロス・ゴーン事件　二〇一八年　東京地検特捜部】（事件の概要はP105〜113参照）

カルロス・ゴーン日産自動車会長が、金融商品取引法違反と特別背任罪で四度にわたり逮捕・起訴された事件。発端は、日産から東京地検特捜部に提出されたゴーン氏の「社内における不正」に関する調査報告書だった。ルノーとの経営統合を阻止したい日産の日本人幹部らは、特捜検事の指示を受けながらゴーン氏の「不正」の極秘調査を続けていた。政府・経産省も、日産をフランスに取られたくなかったはずである。日産、政府・経産省、検察の利害が一致した、「企業依頼型国策捜査」だったと言える。

タイプ② 他の事件からの派生型

他の事件の捜査を進めるなかで、たまたま入手した材料をもとにして、一定の社会的地位にある人物の逮捕・起訴に利用する。主なターゲットは国会議員やキャリア官僚など、日本の政局を動かすほどの立場にはなくても、逮捕すれば特捜の手柄になる人物である。

【村木厚子事件　二〇〇九年　大阪地検特捜部】（事件の詳細は第一章参照）

厚労省の局長・村木厚子さんが、虚偽有印公文書作成・同行使の容疑で逮捕・起訴された事件。発端は、「凛《りん》の会」という団体が障害者団体向けの郵便料金割引制度を悪用して不正な利益を得た「郵便法違反事件」だった。同会の会長が、かつて民主党の大物議員・石井《いしい》一《はじめ》氏の秘書をしていたことから、特捜部は当初、石井氏を標的にして捜査を進めたが、石井氏には弱みがなかった。捜査の過程で村木さんに繋がる材料を見つけた特捜部は、厚労省の現職局長を挙げれば手柄になると判断し、石井氏の代替として村木さんを検挙したのだと思われる。その意味で、タイプ①との複合型だと言える。

【秋元司－IR（カジノを含む統合型リゾート）汚職事件　二〇一九年　東京地検特捜部】（事件の概要はP79〜85参照）

秋元司《あきもとつかさ》IR担当内閣府副大臣が、IR事業に便宜を図る見返りに中国企業から総額約七六〇万円相当の賄賂を受領したとする収賄容疑で逮捕、起訴された。この事件も、初めから秋元氏を狙ったわけではなく、不審な金の動きを捜査していたら秋元氏に繋がる材料が手に入り、これは使えるということで立件したものと思われる。

タイプ③　告訴・告発契機型

このタイプには、一般人からの告訴を契機とする事件と、国税庁や金融庁など官庁からの告発を契機とする事件がある。ターゲットは、検察にとって「やりがい」のある人物（たとえば、もともと検察と敵対関係にある人など）である。

【『噂の眞相』名誉毀損事件　一九九五年　東京地検特捜部】（事件の概要はP259〜262参照）

月刊誌『噂の眞相』の岡留安則《おかどめやすのり》編集長と記者の神林広恵《かんばやしひろえ》さんが、掲載記事について名誉毀損罪で起訴された事件。発端は、記事を書かれた二人の人物からの告訴だった。岡留氏は懲役八ヵ月・執行猶予二年、神林さんは懲役五ヵ月・執行猶予二年の有罪判決を受け、我々弁護団は控訴、上告したが、結果は変わらなかった。

【安部英医師薬害エイズ事件　一九九六年　東京地検特捜部】（事件の概要はP6〜8参照）

この事件は、薬害被害者たちの告訴から始まり、検察は当初、「事件にならない」と明言していた。ところが、菅直人《かんなおと》厚生大臣が人気取りのために事件を利用したことで安部氏への批判が高まると、検察は一転して特捜事件として立件した。政治家の思惑が安部氏逮捕のきっかけを作ったという意味で、タイプ①との複合型と言える。

なお、特捜事件には、検察としての何らかの動機が必ず介在している。ときには、その動機が政権の意思や意向を反映していることもある。

鈴木宗男事件、小沢一郎事件、カルロス・ゴーン事件、ライブドア事件は、政権総体としてぜひやりたいという意思があり、それが特捜部を動かしたと思われる。

一方、私が担当した事件ではないが、後述するロッキード事件やリクルート事件は、政権とは別個の権力として、検察の総意でやりたかった事件であろう。

村木厚子事件は、検察の総意というよりも、大坪弘道《おおつぼひろみち》大阪地検特捜部長が村木さんの検挙にこだわった。大坪氏は部下に対して、「それがミッションだ」と檄《げき》を飛ばしたという。『噂の眞相』名誉毀損事件は、直接のきっかけは告訴だが、もともと同誌は検察・警察権力に対して批判的な立場だったので、検察官のなかでの暗黙の了解として、一度は『噂の眞相』にお灸《きゅう》を据えたいという共通認識があったと思われる。

特捜検察の光と影

特捜部の前身は、戦後間もない一九四七(昭和二二)年、東京地検に設置された「隠匿退蔵物資事件《いんとくたいぞうぶっし》」の捜査部である。この事件は、旧日本軍が戦中に民間から接収した貴金属類や軍需物資が隠匿され、大物フィクサーを介して政界に流れたとされる事案だった。

翌四八年、昭電疑獄《しょうでんぎごく》(肥料メーカーの昭和電工が、食糧増産政策に関連する巨額融資を国から受けるために、大物政治家や高級官僚に賄賂を贈ったとされる事件)が起こり、ときの芦田均《あしだひとし》内閣は総辞職に追い込まれた。

この事件をきっかけとして、一九四九年、東京地検に特捜部が設置された。

政官界の汚職の摘発を目的として誕生した特捜部は、一九五四年の造船疑獄(計画造船の融資割り当てなどをめぐり、海運・造船業界から政官界に現金がばらまかれた事件)で、政官界や海運業界の大物を多数逮捕・起訴し、国民から喝采を浴びた。しかし、裁判では主要な被告人が無罪となり、「大山鳴動して鼠一匹」のごとき結果となった。

東京地検特捜部長や最高検察庁公判部長などを歴任した河上和雄《かわかみかずお》氏は、造船疑獄について、「検察の捜査がかなり乱暴で、必ずしも事件がきれいに立っていなかった」と述べている（二〇〇六年　学士会における講演要旨より）。

特捜部は、戦後の草創期から「暴走の萌芽」を見せていたとも言えそうである。

＊

特捜部の存在が一般に広く知られるようになったのは、一九七六年のロッキード事件からだと思う。

アメリカのロッキード社が、航空機売り込みのために、総額三〇億円もの工作資金を日本の政界にばらまいた戦後最大の疑獄事件で、田中角栄《たなかかくえい》前首相をはじめとする多数の自民党国会議員や、賄賂の仲介役とされた大物フィクサーの児玉誉士夫《こだまよしお》氏、政商の小佐野賢治《おさのけんじ》氏、商社「丸紅」や全日空の幹部らが、東京地検特捜部に逮捕・起訴された。

一九八三年一〇月、東京地裁が田中角栄氏に対して受託収賄罪を認め、さらに一九八七年七月に東京高裁がその判決を支持したが、上告審での審理中に田中角栄氏が死去したため公訴棄却となり、最高裁判決は出されなかった。

ただ、別の被告人について、最高裁がロッキード社副社長のコーチャン氏、同社の元東京事務所代表のクラッター氏らの嘱託《しょくたく》尋問調書の証拠能力を否定しつつ、「第一審判決の挙示するその余の関係証拠によって、同判決の判示する本件各犯罪事実を優に認定することができるから、――中略――原判決の結論に影響を及ぼさない」として、収賄罪の成立を認めた。

この事件については、田中角栄氏の対中国政策が米国の意に沿わないものであったことからの陰謀説（要するに冤罪であるとの考え）が広く出回っている。

この事件について傍聴をしたこともなく、関係証拠を検討したこともない筆者として、裁判所の結論が間違っているとまで言えるだけの根拠はない。しかし、特捜事件のやり口から考えて、コーチャン、クラッターらから免責を条件に検察に有利な証言を獲得して、それをメディアを通じてたれ流すことにより、関係者を一定方向に強く誘導して、検察の意に適《かな》う多数の供述を得ることは十分考えられる。したがって、「その余の関係証拠によって犯罪事実を優に認定することができる」などということはかなり危うい議論である。

しかしながら、こうした見方はかならずしも一般的なものではなく、多くの国民は絶大な権力をふるった前首相を逮捕した東京地検特捜部に拍手喝采した。ロッキード事件は、「巨悪と闘う特捜部」を国民に強く印象付けることになる。

その後も、特捜検察は、一九八九年にリクルート事件、一九九二年に東京佐川急便事件という大きなヤマを挙げた。

前者は、情報サービス会社のリクルートが、政治家、官僚、マスコミ等の幹部らに対して、公開後に値上がりが確実だった関連会社の未公開株を譲渡し、計一二人が贈収賄罪で起訴された事件で、ときの竹下登《たけしたのぼる》内閣が総辞職する結果となった。

後者は、東京佐川急便（当時）の元社長や幹部らが、暴力団系企業への巨額債務保証や、政治家への巨額献金などで特別背任罪に問われた。起訴総額は計九五二億円にのぼり、戦後最大規模の特別背任事件となった。

これらの事件は、特捜検察にとって「勲章」となっただろうが、他方で、あとに続く検事たちにとっては、大きなプレッシャーになったはずである。

「昔、俺たちはこれだけ大きな仕事をしていたのだ」という話が、綺羅星《きらぼし》のごとく上のほうにはあるのに、自分の周りにはあまりない。高度成長期とは違うし、政治家も小粒になったため、贈収賄の金額も昔とは桁が二つくらい違う。そういう状況で、昔の先輩たちと同じような看板を背負わされるのは大変だろう。

「大きな手柄を挙げなければ」という焦りが、強権的な捜査につながり、特捜検察の暴走に拍車をかけているように思えるのである。

有罪率九九・九％を生み出す司法システム

日本の刑事裁判の有罪率は九九・九％と言われ、先進国のなかでも異様なまでに高い。その要因はいくつかあるが、問題なのは、冤罪事件が相当数あるということだ。

冤罪事件には共通する構造がある。予断と偏見からなる事件の設定とストーリー作り。整合性のとれた理路整然とした供述調書を好む裁判官のことを念頭において検察官が誘導や強要で無理やり自白調書を作るという、調書中心主義。証拠の改竄、隠滅、捏造《ねつぞう》。取り調べで否認や黙秘をすると、起訴後も勾留が続いて保釈を認めてもらえないという人質司法。社会的関心を集める事件では、これにマスコミへの捜査情報リークを利用した世論操作が加わる。

これらは、次章から述べていく特捜検察の「手口」そのものである。

こうした問題点は、事件の大小、被疑者の有名無名にかかわらない。日本の刑事裁判全体に及ぶ、構造的と言っていい問題であると思う。

たとえ実際には罪を犯していなくても、裁判で無罪判決を得るためには、高く厚い壁が立ちはだかる。仕事や生活を犠牲にし、肉体的、精神的、経済的、時間的に大変な負担を強いられるし、家族や仕事関係者へのさまざまの影響も覚悟しなければならない。

覚悟のうえで裁判を闘っても、圧倒的に検察に有利な司法手続きのなかで無罪を手にする確率は、ごくわずかだ。一審で無罪判決を得ても、二審で覆されるケースもある。

つまり、よほどの幸運が重ならないと、無罪確定に至ることはできない。そうであれば、身に覚えはなくても、「さっさと罪を認めて執行猶予付きの有罪判決を狙うほうがいいぞ」との検察官の誘いにも乗りたくなる。いわば、泣き寝入りをさせられるということだ。

日本の検察が誇る刑事裁判の有罪率九九・九%という数字は、こうした事情を抜きには考えられないことなのである。

第一章　修正不可能！　検察官ストーリー強要捜査

特捜事件が通常の刑事事件と違うのは、「事件を作る」という点だと思う。通常の刑事事件は、殺人や放火などが実際に起こったから捜査をするわけだが、特捜事件では、事件を作るために捜査をするというケースが多々見られる。

事件のストーリーは検察官が考える。よく言えば「筋読み」だが、悪く言えば、妄想的に「ない事件」を考えてしまう。そこで重視されるのは供述調書である。

もともと特捜事件では証拠として供述調書の比重が高く、検察官は自分たちが描いたストーリー通りにうまく供述調書を作ろうと熱心に努力する。事件を作るには供述調書をどう書けばいいか、という発想なのだろう。被疑者や関係者への事情聴取も、単に話を聞くというのではなく、自分たちが作ったストーリーを高圧的に押し付けることが中心になりがちだ。

その典型が村木厚子事件だ。この事件が冤罪だったことは周知のとおりで、大阪地検特捜部の前田《まえだ》恒彦《つねひこ》主任検事による証拠改竄があったことも広く知られている。本章では、村木事件を中心にして、冤罪を生み出す検察官ストーリー強要捜査の手口について述べる。

ウソだらけの検察側冒頭陳述

大阪地検特捜部が裁判で主張した村木事件の概要は、以下のようなものであった。

――二〇〇四（平成一六）年、厚労省社会・援護局障害保健福祉部企画課長だった村木は、「凛の会」が偽の障害者団体であると知りながら、石井一衆院議員の依頼により、障害者団体として認定する内容虚偽の証明書を部下に命じて作らせ、自らの公印を押して発行し、障害者用郵便料金の割引を受けられるよう便宜を図った――。

これに対して、村木さんは、一貫して起訴事実を否認していた。

検察側冒頭陳述では、村木さんが「犯行」に至った経緯として、①〜⑲の面談や電話での会話が挙げられた（P40〜41の表参照）。

これら①〜⑲には、それぞれ、内容を裏付ける関係者の供述調書が多数あった。

ところが、関係者は証人尋問で、供述調書の内容のほとんどを否定した。①〜⑲のすべてが、検察に意図的に捏造されたものかどうかは定かではないが、一九件中一八件は、現実には存在しない架空の面談や会話だったのである。

この事件では、判決後に、上村氏が作成した偽証明書の文書データの日付を前田検事が改竄したことばかりクローズアップされたが、むしろ、それ以上に問題があるのは供述調書の作り方だった。文書データの改竄だけなら前田検事の個人的な暴走で片付けることもできるが、何人もの検事が作った各供述調書の内容と法廷での証言内容がことごとく食い違ったのだから、「組織あげての事件の捏造」だったと言うしかない。

⑪ 同年5月中旬頃　田村室長補佐が村木さんに、「凜の会」から公的証明書の発行に必要な審査資料などの書類が提出されておらず、決裁に挙げられる状態ではないと報告。村木さんは、「なんとかならないんですか。もう少し調整を進めてください」と指示。

⑫ 同年5月中旬頃　村木さんが倉沢氏と2回目の面談。村木さんは、倉沢氏に依頼されて日本郵政公社東京支社の森氏に倉沢氏の面前で電話をかけ、「凜の会」の発行物を障害者用郵便料金割引制度の対象として承認しても大丈夫である旨を伝える。

⑬ 同年6月上旬頃　村木さんが倉沢氏と3回目の面談。倉沢氏は、公的証明書がすぐに必要なので、5月中の日付にバックデイトした証明書を早急に発行するよう要請。村木さんは要請を了承し、公的証明書ができたら連絡すると告げる。

⑭ 同年6月上旬頃　村木さんが、社会参加推進室の上村《かみむら》勉《つとむ》係長（村松義弘氏の後任者）に対して、5月中の日付で「凜の会」への公的証明書を作成し、持参するよう指示。

⑮ 同年6月上旬頃　上村係長が、深夜から早朝にかけて社会参加推進室で、5月28日付けの内容虚偽の公的証明書を作成。村木さんの公印を押したのち、村木さんに手渡す。

⑯ 同年6月上旬頃　村木さんが塩田部長と面談。「凜の会」に公的証明書を発行することになったことを報告し、倉沢氏に対しては自分から連絡するので、石井一議員には塩田部長から報告してほしいと依頼。

⑰ 同年6月上旬頃　塩田部長が石井議員に、「凜の会」への公的証明書発行を報告。

⑱ 同年6月上旬頃　村木さんが倉沢氏と4回目の面談。村木さんは、自分の席で、「何とか、ご希望に添う結果にしました」などと言いながら、公的証明書を倉沢氏に手渡す。

⑲ 同年6月中旬頃　村木さんと上村係長が、「凜の会」に交付した公的証明書の事後工作について相談。上村係長は、後付けでも決裁の形を整える必要がある旨を提案したが、村木さんは、「部長も了解してくれていることだから、上村さんは、もう気にしなくていいですよ。もうこのことは忘れてください」など言い、上村係長の提案を退ける。

村木厚子事件（郵便不正事件）の検察側冒頭陳述書に、村木さんが「犯行」に至った経緯として列挙された、事件関係者が関わったとされる面談および電話の会話

①2004年2月下旬頃　「凜の会」の倉沢邦夫《くらさわくにお》会長と幹部の木村英雄《きむらひでお》氏が、石井一議員と面談し、厚労省から「凜の会」を障害者団体として認定する公的証明書を発行してもらえるよう、口添えを依頼。
②同年2月下旬頃　①と同日。石井議員が、厚労省社会・援護局障害保健福祉部の塩田幸雄《しおたゆきお》部長に電話をかけ、「凜の会」への公的証明書発行を要請。塩田部長は要請を了承し、部下である村木さんが担当することを石井議員に伝える。
③同年2月下旬頃　塩田部長が、村木さんに便宜を図るよう指示。村木さんが了承。
④同年2月下旬頃　村木さんが、企画課長補佐の北村定義《きたさだよし》氏と面談し、「凜の会」の倉沢会長が来訪したら担当者を紹介するよう指示。
⑤同年2月下旬頃　村木さんが厚労省を訪れた倉沢氏と1回目の面談。倉沢氏は、「凜の会」が障害者団体として実質的な活動をしていないことを村木さんに伝えたうえで、便宜供与を要請。村木さんは要請を了承。
⑥同年2月下旬頃　⑤と同日。倉沢氏が、村木さんの案内で塩田部長と面談し、公的証明書発行の便宜供与を要請。塩田部長は要請を了承し、担当課長である村木さんに事情を伝えてあるので遠慮なく相談するよう、倉沢氏に告げる。
⑦同年2月下旬頃　⑤と同日。村木さんが厚労省の自分の席で、社会参加推進室長補佐の田村一《たむらはじめ》氏と同室社会参加係長の村松義弘《むらまつよしひろ》氏を倉沢氏に紹介。その後、倉沢氏は、田村室長補佐と村松係長から、公的証明書発行の手続きなどについて説明を受ける。
⑧同年2月下旬頃　⑤と同日。倉沢氏が帰ったあと、村木さんが、田村室長補佐と村松係長に対して、「ちょっと大変な案件だけど、よろしくお願いします」と言い、「凜の会」への公的証明書の発行を指示。
⑨同年2月下旬頃　「凜の会」の河野克史《こうのただし》氏と木村氏が、田村室長補佐と村松係長の助言に従って、障害者団体定期刊行物協会の佐藤三郎事務局長を訪問し、面談。
⑩同年3月中旬頃　村木さんが、田村室長補佐に公的証明書発行の進捗《しんちょく》状況を確認。

手口① ストーリーを作って、都合のいい証拠のみを集める

現在の刑事訴訟制度においては、弁護人はかなりの量の供述調書を見ることができる。検察が裁判所で証拠申請を予定している調書のほかに、それに関係する調書（たとえば、証拠申請予定者のすべての供述調書や証拠申請予定者の信用性を検討するのに必要な調書など）や、弁護側が裁判で予定している主張に関係する調書も、弁護側が開示請求すれば、検察側は原則としてすべて開示しなければならない。このようにして開示される供述調書の数は、事件によっては一〇〇〇通ほどになることもある。村木事件の場合、私は二〇〇〇通ほどの供述調書を読んだ。

それらは、じつによくできた「作文」で、ストーリーとしては完成していた。村木事件に限らず、特捜事件の供述調書は、「破綻《はたん》のない、見事に一貫したストーリー」だ。初めから、そうなるように作られているのである。

主任検事の指揮のもと、各検事は担当する被疑者や参考人を割り当てられ、それにしたがって取り調べをし、調書を作る。初めからミッションがあり、そのミッションに沿って、この相手からはどういう内容の調書を作ってサインさせるかを決めてある。そして、相手の話のなかから筋書きに合致するものを材料にして調書を作る。材料の提供が不足すれば

2010年9月10日、無罪判決後、大阪市北区の大阪司法記者クラブで記者会見する村木厚子氏と筆者　（写真提供：共同通信社）

誘導したり、説得したりして、予定していた調書を作り上げる。筋書きに合わない話、つまり検察にとって都合の悪い話は排除されるので、事実と異なる調書が作られてしまう。

村木事件の証人尋問では、こうした特捜検察の取り調べのやり方を赤裸々に語った証人もいた。以下に、その証言の一部を紹介しよう。

ストーリーのでっちあげ

村木事件は、「凛の会」の倉沢会長と幹部の木村氏とが、石井議員のところに請託に行ったことが端緒とされた（前記①）。これについて、木村氏は、法廷で次のように証言した（以下、証言中の〔　〕内は筆者による補足）。

「石井一の前に倉沢さんが座って、それの左隣だか右隣に私が座って、――中略――倉沢さんがこういう会を今度作ったんで、一つお力添えいただきたいみたいなことを申し上げて、私からもよろしくお願いしますというようなことを言ったというふうに〔私の調書にもう既成の事実として〕書いてあった」

「〔そのときに私は〕それは検事さんの作文でしょう、私、そんなこと、申し上げてませんよということを、はっきり申し上げました。ところが、それは認められなかった」

要するに、検察官は、相手方に質問をして事実を聞き出して、それを取りまとめて調書にするのではなく、取り調べを始める前に、一方的に作りたい調書を作文しておき、そのストーリーを認めてサインするようにと、押しつけてくるのである。初めて取り調べを受けたら、もう供述調書ができていたのだから、木村氏はさぞかし驚いたことだろう。

威圧的取り調べ

前述した木村氏の証言のなかに出てくる「検事さん」とは、國井《くにい》弘樹《ひろき》検事である。

木村氏は、國井検事の取り調べについて、「御自分がおっしゃった内容に対して、私が否定すれば、そうじゃないだろうから始まって、まあそれが尋常じゃないですね」「立ち上がられたり、机をたたかれたり」「うそをつくな、これが事実なんだという格好で、押さえ付けられる」というものであり、「検事の方がそういう態度で接するとは思ってなかったもんですから、相当な圧力は感じました」と証言した。

また、國井検事が作成した供述調書に署名押印をする前後の状況について、「これは飽くまでも検事さんの作文ですね、私、こういうことは申し上げてませんよ」と、「かなりきつい言い方で」抗議したものの、「いいんだ、いいんだよ、ともかくサインすれば」と國井検事に言われ、「もう夜の8時まで、ずうっと問答をやり取りやってましたし、相当なこっちも圧力感じてましたので、これはもう署名するしかないな」と諦め、「その場は署名して引き下がってきた」と証言した。

「凛の会」の河野氏も、國井検事らから威圧的な取り調べを受け、河野氏の弁護人は大阪地検特捜部に抗議の申入書を送っている。特捜事件に限るとは言えないが、取り調べ時に検察官が威圧的態度によって無理やり調書にサインさせることは、珍しくないのである。

検察官ストーリーに合致しない話は調書にしない

國井検事は、上村氏の取り調べも担当した。

「凛の会」に要請されて偽の証明書を発行したのは上村氏であり、のちに執行猶予付きの有罪判決を受けている。上村氏は逮捕直後から、偽証明書の作成は自身の単独犯であり、村木さんは関係ないと言い続けたが、そのような供述はいっさい調書にされなかった。

証人尋問で、上村氏は、國井検事について、

「具合が悪かったら言ってねとか、眠れるとか、食事取れてるとか、すごい気遣ってくれているのに、肝心の僕の話は聞いてくれない」

「ちゃんと説明してるんだけど、聞き流してる、うなずいているんだけど、いざ調書のときになると、何もそのことについては書かれていない」

などとして、いくら真相を説明しても、すべて無視され続けたことを明らかにした。

また、前出の木村氏も、倉沢氏と一緒に石井議員に会ったとする検察官ストーリーについて、「幾ら私がお話ししても、いや、そうじゃないんだと。これが事実なんだと。――中略――おまえは間違いなく会ってるんだという格好での取調べ」だったと証言し、検察官ストーリーに合致しない話はいっさい受け付けてくれない状況を述べている。

なぜ、このようなことをするのかというと、自分たちのストーリーに反する供述調書を作ってしまうと、それが証拠開示の対象となり、供述の矛盾として追及される危険があるからだ。そのため、検察官ストーリーに沿った内容の調書のみが残るようにする。

また、一つの調書を作り上げると、その調書を参考にして、それに符合するように他の調書を作ることもある。複数の被疑者や多数の関係者から調書を取っても、事件全体のストーリーとして整合性が取れているのは、そのためである。

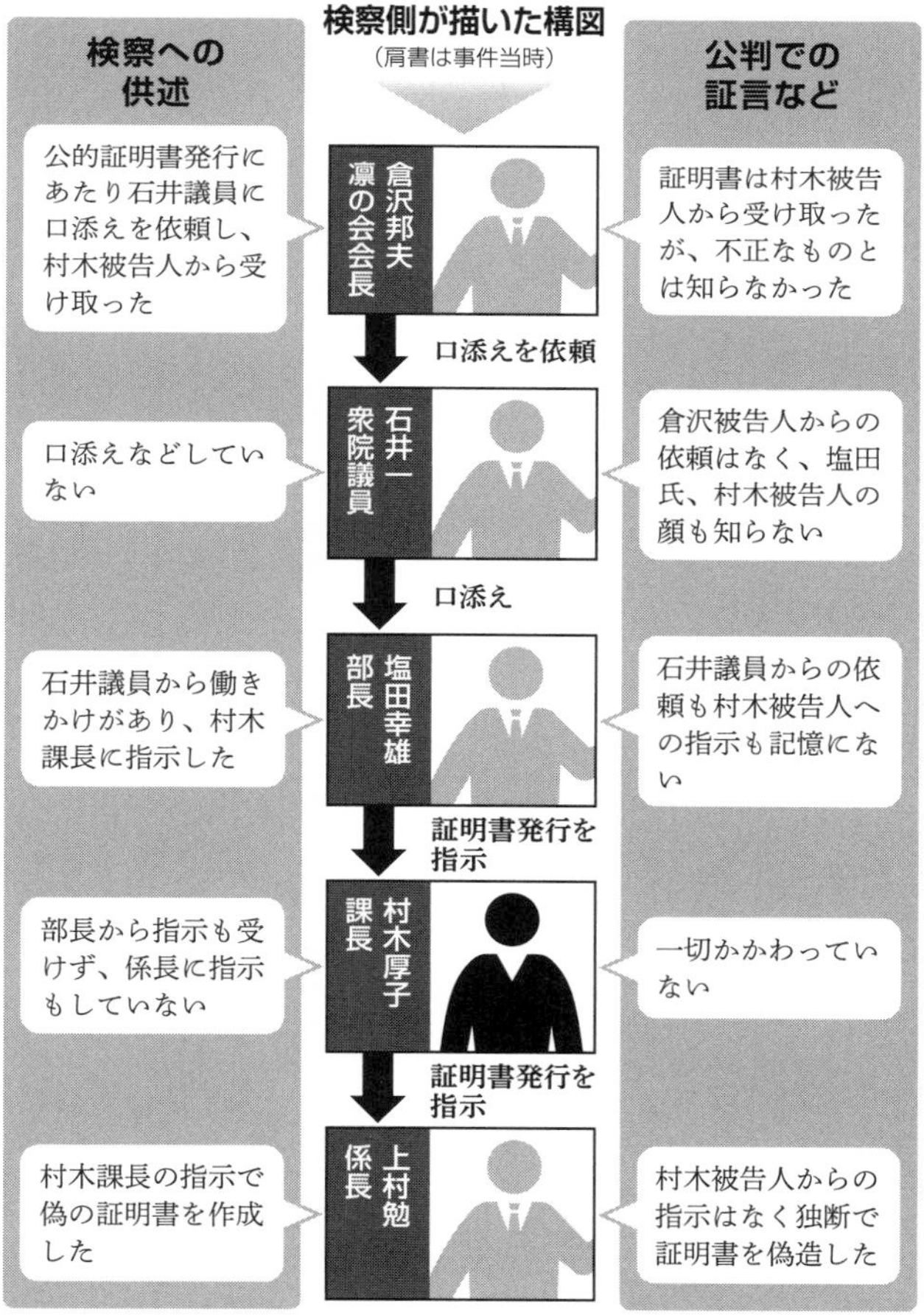
検察側が描いた構図
（肩書は事件当時）
検察への供述
公判での証言など
倉沢邦夫 凛の会会長
公的証明書発行にあたり石井議員に口添えを依頼し、村木被告人から受け取った
証明書は村木被告人から受け取ったが、不正なものとは知らなかった
口添えを依頼
石井一 衆院議員
口添えなどしていない
倉沢被告人からの依頼はなく、塩田氏、村木被告人の顔も知らない
口添え
塩田幸雄 部長
石井議員から働きかけがあり、村木課長に指示した
石井議員からの依頼も村木被告人への指示も記憶にない
証明書発行を指示
村木厚子 課長
部長から指示も受けず、係長に指示もしていない
一切かかわっていない
証明書発行を指示
上村勉 係長
村木課長の指示で偽の証明書を作成した
村木被告人からの指示はなく独断で証明書を偽造した

『私は無実です　検察と闘った厚労省官僚 村木厚子の445日』
（今西憲之＋週刊朝日取材班〈大貫聡子、小宮山明希〉の図をもとに作成。
『生涯弁護人　事件ファイル①』より転載）

手口② 客観的事実や科学的問題の分析は、あえて無視

特捜事件は供述調書の比重が高いため、検察官は現場にあまり行かず、客観的事実を意に介さない傾向がある。村木事件は、特にその傾向が顕著であった。

「犯罪現場」さえ見ていなかった特捜部

検察側冒頭陳述では、村木さんが「凛の会」の倉沢会長に四回会ったことになっているが、その証拠はなかった。村木さんも倉沢氏も、互いの名刺を持っていなかったし、二人の手帳にも面会の予定は一つも書かれていなかった。

倉沢氏は、法廷証言で、四回の面談のうち三回（前記⑤⑫⑬）を覆し、「村木さんから呼ばれて公的証明書を手渡された」（同⑱）という供述のみを維持した。この四回目の面談の情景について反対尋問で倉沢氏に訊くと、「村木課長は自分のデスク越しに立ち、両手で証明書を出し、私も両手でそれを頂いた。賞状の授与のような感じだった」という答えであった。

しかし、こうした情景はあり得ない。我々は、厚労省の協力を得て、裁判が始まる前に、厚労省の企画課で実況見分をしていた（写真参照）。その結果、当時の企画課長の席（村木さ

厚労省での実況見分。写真左奥、筆者が座っているのが当時、企画課長だった村木さんの席。ほぼ事件当時のままだが、机の前にあるスチール製キャビネットはもっと高かった。

ん の席）の前には、写真に映っているものより高いスチール製のキャビネットが置いてあるため、デスク越しに書類を渡すことは物理的に不可能であったことが判明していたのである。

この実況見分は事件から五年後に行ったものだが、二〇〇四年の事件当時、村木企画課長を補佐する立場にいた間《はざま》 隆一郎《りゅういちろう》氏（当時の企画課長補佐）は証人尋問で、現在の企画課の座席の位置や、企画課長席の前にあるキャビネットの位置について、

「当時と変わっておりません」と、証言した。さらに、キャビネットの高さについて、

「今より、もうちょっと高かった」とも

述べた。

特捜部には捜査権限があるのだから、被告人である村木さんの当時のデスクの状況を確認してもよさそうなものだが、実際にはそういうことをいっさいしていなかった。

存在しない法案が「犯罪」の動機に

この事件では、村木さんにこれといった動機のないことが、特捜部にとって厄介な問題だった。そこで特捜部は、「村木は本件当時、国会で審議中の障害者自立支援法の担当官であり、法案成立のために野党・民主党の大物である石井一議員に動いてもらうには、偽証明書の発行についての同議員からの無理な要求を受けざるを得なかった」という動機を考え出し、二日間で七人の厚労省職員から「村木さんは当時、国会で審議中の障害者自立支援法成立のために国会内を走り回っていた」との供述調書にサインを得た。

ところが、この法案が審議されたのは一年後のことで、事件当時は法案の影も形もなかったのである。調書を取り終わってからそのことに気付いた検察は、法案の審議に関わる「動機」をすべて冒頭陳述から削除し、供述調書も証拠として申請しなかった（その後、我々の開示請求で出てきた）。

法案自体が存在しなかったのだから、供述調書を取られた厚労省の職員たちは、調書の内容がおよそ事実に反するあり得ないことだとわかっていたわけだが、それでも検察官に誘導されると、言われるままにサインをしてしまったのである。特捜検察は客観的事実に反する供述調書をいかようにでも作り出せるということの、見本とも言える展開であった。

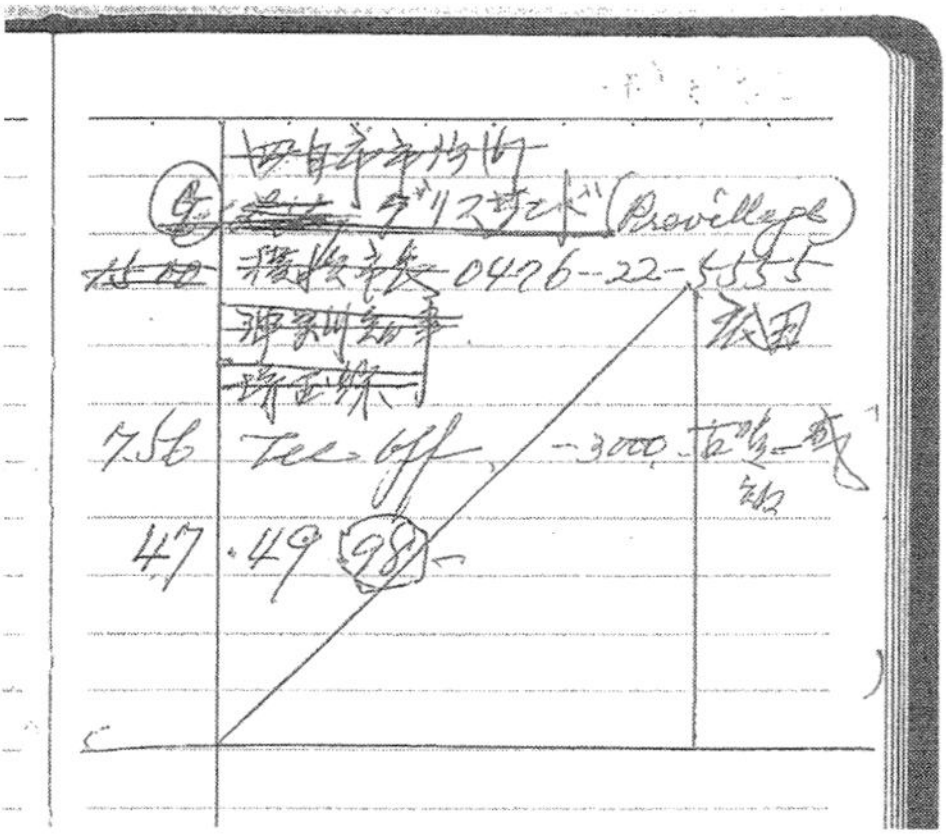

2004年2月25日の石井一氏の手帳には、ゴルフ場の名前と電話番号、当日のスコアまで記載されていた

石井一議員の手帳を無視

石井一議員は、「凛の会」の倉沢会長らに頼まれて偽証明書発行の口利きをしたとされた人物である。ところが、特捜部は、本件のキーパーソンであるはずの石井氏の事情聴取を一回しか行わず、その際に「自由に見てくれ」と言われた事件当時の石井氏の手帳も、ろくに見ていなかった。

我々は石井氏に面会し、その手帳を見せてもらった。すると、倉沢氏らが口利きを依頼したとされる日(倉沢氏らの供述調書では二〇〇四年二月二五日)に、石井氏は千葉県でゴルフをしていたのである。手帳には、ゴルフ場の名前やスコアまで記されていた。我々はゴルフ場に問い合わせて、石井氏がゴルフ場に到着した時刻、プレー開始時刻と終了時刻、カードで支払いを済ませた時刻を把握し、「二月二五日の午後一時に、東京の議員会館で石井氏と倉沢氏らが面談した」という検察の主張があり得ないことを把握した。そして、この手帳などを証拠として提出し、石井氏に証人として出廷してもらうこともやった。

特捜部は、客観的事実を調べなくても、倉沢氏や塩田氏の供述調書があれば事足りると思っていたようだ。捜査の杜撰《ずさん》さは信じがたいものだが、村木事件だけが特別だったわけではないように思う。

【事件当時の医学水準を無視した特捜――安部英医師薬害エイズ事件】

特捜検察は、「科学的問題の分析をあえて無視する」という手口も使う。安部英医師薬害エイズ事件の取り調べでは、東京地検特捜部が、事件当時の医療水準や医療知識を無視し、事件後に明らかになったウイルスに関する最新知識を持ち出すという「あと知恵」により、安部氏に自白を強要し、「犯罪」を立証しようとした。

しかし、裁判では、事件当時の医療水準や医学知識からは、非加熱製剤によるエイズ感染のリスクを予見することはきわめて困難だったとする我々の主張が、ほぼすべて通り、安部氏に対して無罪判決が下された。

手口③ 供述調書は検事が作文する

特捜事件における供述調書は、基本的にはすべて検察官の作文だと言える。何も材料がないと作文できないので、会話やできごとなどについて被疑者や参考人からいろいろと話を聞き、使えそうなフレーズなどをピックアップしておき、それらを使う。こうして、「具体性・迫真性・臨場感のある調書」が出来上がる。

その一例として、村木さんの上司だった塩田幸雄氏の供述調書を取り上げてみたい。塩田氏は、偽の証明書の発行に自分と村木さんとが関与したことを認める調書を、特捜部の林谷浩二《はやしだにこうじ》検事から何通も取られてサインをしたが、証人尋問ではことごとく否定した。

なお、裁判の証拠書類については「目的外使用の禁止」というルール（刑事訴訟法第二八一条の四、同五）があり、検察官から開示してもらった供述調書を弁護人や被告人（またはそうであった者）が裁判以外の目的で使うことはできない。次に挙げる塩田調書は、魚住昭《うおずみあきら》氏の著書『冤罪法廷　特捜検察の落日』（講談社）からの引用である。

まことしやかな塩田調書

「石井議員からの要請は（04年）2月25日午前、私が国会で政府委員としての初答弁を行ったあと、その当日、またはその前後の1日か2日の間にありました。石井議員は私の国会答弁を知っていて、『塩田部長、お久しぶりですねぇ。部長としての初答弁だそうで大変やなあ』というように切り出されました。

このころには、厚労省障害保健福祉部は、いわゆる障害者自立支援法を迅速、かつ、円滑に成立させて、障害者福祉行政の円滑化を図らなければならないという最重要、かつ緊急の課題を抱えていました。障害者自立支援法を円滑に成立させるためには石井一議員の機嫌を損ねたくないと思い、凛の会への公的証明書の発行を引き受けました。

私は村木課長に『この案件は、丁寧に対応して、先生の御機嫌を損ねない形で、公的証明書を発行してあげる方向で、うまく処理してくれ。難しい案件だと思うけど、よろしく頼むわ。こういうことをうまく処理するのも、官僚の大切な手腕のひとつなんだよね』と言いました。

2月下旬ごろ、倉沢会長が村木課長を訪ね、村木課長に案内された倉沢会長が障害保健福祉部長室にきました。私は失礼のないよう部屋の出入り口まで移動して挨拶しました。

その後、6月上旬ごろに村木課長から『石井代議士から話のあった公的証明書のことなのですが、担当者のほうでいろいろ苦労をしてくれて証明書を出すことになりましたので、ご報告しておきます。秘書の倉沢さん〔筆者注：倉沢氏はかつて石井議員の私設秘書を務めたことがあった〕には私から連絡しておきますので、石井代議士のほうは部長からご連絡をお願いします』という報告を受け、『そうか、よかったね。これがバツだったら大変なことだよねぇ。石井代議士には僕から伝えておくから』と村木課長をねぎらいました。すると村木課長は『本当にそうですね。なんとか、うまく処理することができました』などと答えました」

このように、塩田調書には、実際にはまったくなかったことが、一言一句、まことしやかに書かれていた。厚労省内での村木さんとの会話などは、じつにリアルである。

特捜検察が「迫真性・具体性・臨場感のある供述調書」を作るのは、自分たちが描いた事件のストーリーをいかにも現実にあったように仕立てて、裁判官を説得したいからだ。

P40～41の表に挙げた検察側冒頭陳述のアミ掛け部分も同様で、調書から引っ張ってきた「存在しなかったフレーズ」を、検察官は裁判官の面前で滔々《とうとう》と述べていた。

証人尋問で明らかになった上村調書の作文の実態

上村勉氏の証人尋問では、彼が検察に取られた供述調書のデタラメぶりが明るみにでて、傍聴人や法廷に詰め掛けていた記者たちを唖然《あぜん》とさせた。

その詳細を記す前に、村木事件の背景について説明しておこう。

村木事件の発端となった郵便法違反事件で、「凜の会」が悪用した障害者郵便割引制度は、正式には「心身障害者用低料第三種郵便物制度」という（以下、低料第三種と記す）。事件当時、低料第三種の適用を受ければ、一通一二〇円かかる封書の郵便物がわずか八円で発送できるなど、通常の第三種郵便より格段に安く郵便物を発送することができた。

低料第三種の適用を受けるためには、正規の障害者団体であることを認める厚労省発行の証明書が必要だった。障害者団体としての実体がない「凜の会」は、偽の証明書を上村氏に作らせ、心身障害者向けの新聞（定期刊行物）を装って、さまざまな企業のダイレクトメールを大量発送し、正規の郵便料金との差額を免れることで荒稼ぎしていた。

偽証明書プロジェクトの仕上げのころの状況について、特捜部が作り上げたストーリー（すなわち検察側冒頭陳述）は、以下のようなものであった。

「凜の会」は、まず、通常の第三種郵便物承認請求書を日本郵政公社（現・JP日本郵便）に提出し、厚労省から公的証明書が近々発行される予定だと伝えた。しかし、その後も公的証明書の提出がなかったため、日本郵政公社は、「凛の会」に対して、通常の第三種郵便の適用しか認めず、低料第三種を取得したければ、その申請に必要な公的証明書を至急提出するよう求めた。この要請に慌てた「凛の会」の河野氏は、二〇〇四（平成一六）年六月上旬頃、上村氏に電話をし、公的証明書の発行をせっついた――特捜部のストーリーはこのようなものだった。

このテーマについて、検察官は上村氏の証人尋問において、二〇〇九年六月七日付の上村氏の供述調書を示して質問した。以下、〔　〕内は筆者が付した補足である。

「〔あなたの〕供述調書には、平成16年6月上旬ころに、河野さんから公的証明書の発行を催促されて、その際に、郵政〔公社〕から三種〔第三種郵便〕の認可が下りるなどしたので、5月中の日付で証明書を欲しいんだと迫られたと書いてあるんですが、これはあなたの記憶とは違うんですか」と検察官は問うた。

これに対して、上村氏は、

「そういう話は國井検事のほうからもたらされました。私はそういう、凛の会側のほうで、期限が迫ってるとか、そういう事情は知りませんでした」と答えた。

検察官が示した調書の該当部分には、

「河野さんは／もう郵政から第三種の承認が下りてしまいました／それに、新聞の広告主も決まっていて、すぐに障害三種〔低料第三種のこと〕の認可を取らないと、大赤字になってしまいます／大急ぎで、証明書をください／ただ、郵政との関係もあるので、日付は5月中にしてください／などと言って」との記載がある。実際には上村氏が知らない事情でも、このように具体的で詳細な言辞が調書に記載されたのである。

検察官は、続けて、「この供述調書では、更にその後、村木さんからあなたに内線電話があって、やはり、5月中の日付で公的証明書を作って持ってくるようにというふうに言われたと書いてあるんですが、——中略——これはあなたの記憶とは違うんですか」と問うた。これは、前記⑭に関連する質問である。上村氏は、

「違います」と、きっぱりと答えた。

検察官が示した調書の該当部分には、

「平成16年6月上旬ころ、村木さんが、自ら、内線を使って、私に電話をかけてきました。／その電話で、村木さんは／『凛の会』のことで面倒なことをお願いしちゃって、ごめんなさいね／などと言って、優しい口調で、悩んでいた私を気遣ってくれ、さらに／5月中の日付で、証明書を作ってくれていいから／証明書ができたら、私のところに持ってきてください／などと——中略——指示してきました」

との記載がある。実際にはこのようなやりとりがいっさいなかったことが裁判で明らか

になったが、およそ存在しないことでも、「優しい口調で」「悩んでいた私を気遣って」というもっともらしい言葉まで並べて、調書が作られたのである。

さらに検察官が上村氏に対して、

「それに対して、あなたが資料の提出がないとか、実体が疑わしいという、問題があると言ったところ、村木さんが、決裁なんかいいんで、すぐに証明書を作ってくださいと指示をしてきたと書いてあるんですが、これもあなたの記憶とは違うんですか」

と訊いたところ、上村氏は、はっきりと「違います」と答えた。

検察官が示した調書の該当部分には、「凜の会」から公的証明書の発行に必要な資料（同会の規約や会員名簿など）が提出されていないことを不審に思った上村氏が、「障害者団体としての実体があるか疑わしい。それでも公的証明書を発行していいのですか」と村木さんに確認したところ、村木さんは、「石井一先生からお願いされていることだし、塩田部長から下りてきた話でもあるから、決裁なんかいいんで、すぐに証明書を作ってください／上村さんは、心配しなくていいから」などと言ったと、記載されている。

事実とかけ離れたことを、このように真に迫ったセリフまで入れて調書に仕立て上げる検察官の「作文能力の高さ」には驚かされる。

上村氏は、自身の供述調書について、

「村木課長と私のやり取りが生々しく再現されていますけれども、それは全部でっち上げです」と、証言時に法廷で断言した。傍聴人や記者たちが唖然としたのも当然である。

しかし、多くの人は、特捜事件の供述調書がこのようにして作り上げられたものだとは考えもしないから、調書の内容をそのまま信じてしまう可能性がある。これは、村木事件に限らず、特捜事件全般について言えることである。

「可能性」を「断定」にすり替える

検察官が供述調書を作文するテクニックの一つに、可能性があることを認めさせたうえで、それを調書では断定的表現にすり替えたうえに無理やりサインさせる、ということがある。たとえば、厚労省職員の田村一氏は、取り調べの際に供述した「可能性」を、調書で「断定」にすり替えられている。

検察側冒頭陳述では、二〇〇四年二月下旬頃、村木さんは、厚労省を訪れた倉沢氏に、社会参加推進室長補佐の田村氏と同室社会参加係長の村松義弘氏（上村氏の前任者）を紹介したことになっていた（前記⑦）。田村氏は、取り調べの際、髙橋和男《たかはしかずお》副検事から、「村松さんは事実だと認めている」と聞かされていた。そのときのことについて田村氏は、証人尋問で次のように述べた。

「村松さんの話として、確かにその場面に私がいたということを〔髙橋副検事から〕聞かされましたので、私としては記憶がありませんでしたが、否定する記憶もございませんでしたので、そういう可能性はないわけではないと思い、可能性としてはあるのではないでしょうかというふうにお話ししました」

「ところが、調書では、その場面に私がいたことが明確な記憶としてあるという表現にされたので、可能性があるというふうに記載してもらいたいと要望したところ、検察官から、『それはできない』と、びしっと言われ、迷いましたけれど、最後は署名押印をした」と。

役所には、さまざまの人が種々の用件で訪れる。五年も前に、ある障害者団体の人と会ったことがあったのではないかと問われれば、会った記憶がなくても、その可能性は一〇〇％ないとまでは言い切れない。

そこに検察官はつけ込んで、まず、「可能性の存在」を認めさせる。そのうえで、調書上の記載は明確な記憶のようにすり替えて、無理やりサインさせるのである。

検察のほうでは、初めから「こういう調書を取る」という目的がはっきりしているので、曖昧《あいまい》なことを曖昧なまま調書にしても意味がない。曖昧だろうが、相手が「可能性はあるかもしれない」と言ったら、それを断定的なこととして書く。「その程度のことは調書だからしょうがないんだ」と、居直るわけだ。

あり得ないことが調書に書かれているのなら、誰でも抵抗するだろうが、「そういうこともあったかもしれない」と思わされていることを「そうだった」と書かれると、「でたらめだ！」とまでは言えず、検察官に威圧されて、最後は「しょうがないか」と諦めて、調書にサインしてしまうのである。

対抗策は、検察に呼ばれた時点で弁護士に相談することだ。単なる参考人の場合に費用を負担してまで弁護士に相談するかどうかは、人それぞれの考え方にもよるが、慎重な人はそうするかもしれない。検察の取り調べを受けるというのは、それほど大変なことなのである。

検察の捜査は、まずガサ（捜索差し押さえ）が入る。被疑者に限らず関係者のところに行き、パソコン、携帯電話、手帳、手紙、日記などを押収したうえで中身を調べ、客観的証拠とも矛盾しないストーリーとして事件化できるかを考えるのである。

逮捕されれば、自宅や仕事先などに家宅捜索が入り、あらゆる資料が押収される。参考人の携帯電話を取り上げるのは令状を取らない限り無理だが、被疑者の場合は逮捕時には携帯電話も含めて全部持っていかれてしまうので、事件当時の記憶を時系列でたどれなくなる。しかし、逮捕前にコピーを取って弁護士に渡しておくことには何の問題もない。

逮捕前の村木さんから相談を受けた私は、「そういうものは全部コピーして渡してください」と話した。参考人の場合でも、弁護士は同様のアドバイスをするはずである。

手口④ ストーリーに合わない不都合な証拠を隠蔽・改竄・破棄

主任検事による証拠の改竄

検察側冒頭陳述では、村木さんが「犯行」に至る経緯（前記①〜⑲）が、すべて「○月○旬頃」という曖昧な時期にされた。特に⑬〜⑱は、村木さんが上村氏に偽の証明書を作成するよう指示し、上村氏がそれを作成して村木さんに渡し、村木さんから倉沢氏に手渡したとされる、本件の核心となる出来事の時期だが、すべて「六月上旬頃」とされていた。我々は日時の特定を要求したが、検察官はそれ以上の具体化を断固として拒否した。

じつは、検察は当初、村木さんから上村氏へ指示があったのは二〇〇四年六月八日と想定していたのだが、上村氏から押収したフロッピーディスクに保存されていた文書データのプロパティから、上村氏が偽の証明書を作り終えた日時（データの最終更新日時）は六月一日午前一時過ぎであることに気付いた。この時点で村木さんを不起訴にすればよかったのだが、逆に彼らは、矛盾を隠すために、⑬〜⑱を「六月上旬頃」という時期でくくった。

しかし、六月一日午前一時過ぎに偽の証明書を作り終えたということは、検察が主張する「村木さんからの指示があった」時期は、五月三一日以前でなければおかしい。

この矛盾を解消するために、前田恒彦主任検事は、「凛の会」が偽証明書を行使した時期から逆算して、フロッピーディスクの文書データの最終更新日を、「六月一日」から「六月八日」に書き換えた。自分たちの描いたストーリーに固執するあまり、暴走してしまったのである。

特捜事件は、いったん動き出したら止まらない。少なくとも私は、途中でブレーキを踏んで止まった特捜事件というものを聞いたことがない。

前田検事による証拠改竄は、村木さんが大阪地裁で無罪判決を受けた直後に発覚し、前田検事のほか、大坪弘道特捜部長と佐賀元明《さがもとあき》特捜副部長も最高検察庁に逮捕された。前代未聞の不祥事を起こした大阪地検は控訴を断念し、村木さんの無罪が確定したのだった。

担当検察官全員が取り調べメモを廃棄

村木事件では、供述調書を作った検察官全員が、取り調べメモを廃棄していたことも問題になった。取り調べメモは、調書からではわからない供述の変遷や、検事とのやりとりを知るうえで重要なものだ。それを廃棄することは、「被疑者や関係者が検察官ストーリーに沿わない供述をしていた痕跡を残さない」ということにもなる。

村木事件の数年前に、取り調べメモが証拠開示請求の対象になるかどうか争いになったことがあり、最高裁は開示請求の対象になるとの判決を下した。それからというもの、検察は、取り調べメモは作らないか、作ってもすぐ廃棄してしまうようになった。最高裁判決は取り調べメモを残すことを義務付けるものではないし、弁護側の開示請求に対して「廃棄しました」と言えば、ないものは出しようがないから、裁判所は認めざるを得ない。

ただし、村木事件の裁判では、六人の検察官が「たまたま同時期に、各検察官が独自の判断で、すべてのメモを廃棄した」ことが、調書の信用性に関わることとされた。この件も影響して、大阪地裁は、検察側が申請した四三通の検察官作成供述調書のうち、じつに八割に当たる三四通を調書採用に必要な「特に信用すべき状況で作成された」との要件を欠くとして、却下した。しかも、事件の立証に最も重要な上村氏と倉沢氏の調書は、すべて却下されることとなった。

横田《よこた》信之《のぶゆき》裁判長は、村木さんの判決文のなかで、供述内容の具体性、迫真性というものはあとから検察官がいかようにでも作り出すことができると指摘し、問題は客観的証拠との整合性にあると論じた。

なお、最近の検察官は、取り調べメモを電子機器で作る。メモというブツを廃棄することには、なんとなく後ろめたさが残るが、調書を作ったあとワンクリックで一括消去することに、後ろめたさはないだろう。「メモを出せ」と言われても、「もう消してしまいました」と言えばいい。残るのは、検察官ストーリーに沿った調書だけ、ということになる。

弁護側の対抗策として、被疑者あるいは重要な関係者から話を聞いて文書化し、本人から「これで間違いありません」という書面をもらい、すぐに公証人のところへ行って証拠化するなどということは、理屈上は可能だ。しかし、弁護人は本人の言い分は聞けても、関係者から話を聞くのは容易ではない。しかも押収捜索権があるわけでもないから、関係証拠は見られないし、なかなか難しいのが現状である。

【常態化する証拠の隠蔽・改竄・破棄――カルロス・ゴーン事件ほか】

特捜検察による証拠の隠蔽・改竄・破棄は多発している。

カルロス・ゴーン事件で我々は、東京地検特捜部が日産から押収した膨大な電磁的データの開示を請求したが、特捜部はそのうち六〇〇〇件ものデータを「日産に言われたから」という理由で削除した。

我々は、すぐに証拠保全の請求をしたが、検察は「オリジナルのデータには手を付けていないから問題ない」として拒否した。村木事件の証拠改竄以来、検察は改竄防止のために電磁的証拠のコピーを必ず作り、オリジナルのデータは保管して、実務ではコピーを用いることにして、証拠開示でもコピーのほうしか見せなくなったのだ。

こちらは、オリジナルのデータがどのようなものかわからないので、コピーからどのようなデータが消されたのかについて確認のしようがない。裁判所は検察官の言うことを信用して、「オリジナルを開示しろ」と命じなかったので、結局、削除された六〇〇〇件の内容は、わからずじまいになってしまった。

アメリカでは、検察官は公益の代表として関係資料を押収するのだということを重視して、弁護人は当然それを全部見ることができるとされているが、日本では検察が開示する範囲が最初から限定されていて、全面開示は行わない。検察官は、自分たちに有利な証拠しか出そうとせず、被告人に有利な証拠は消したり隠したりするのだから、非常にアンフェアである。

安部英医師薬害エイズ事件では、安部氏の無罪を裏付ける外国の著名な医学者二名から取った嘱託尋問調書を、特捜検事が二年半以上も隠し続けた。

小沢一郎事件では、東京地検特捜部が、検察審査会に虚偽の証拠や捏造した捜査資料を提出し、小沢氏の強制起訴へと誘導した。

特捜部は控訴の準備をしていた

村木事件のように、黒から真っ白にすべてがひっくり返った特捜事件はあまりない。特捜検察にとって、村木事件は数少ない大敗北だったと言える。

村木さんが無罪判決を得たのは、上村氏と塩田氏が法廷証言で供述調書の内容を頑張って否定してくれたことが大きかった。弁護側から言えば、彼らのように法廷で完全に否定してくれる証人は、そんなに簡単に期待できるわけではない。もし、二人が「供述調書の通りです」と証言していたら、村木さんは無実の罪で有罪になっていた可能性もある。

また、前田検事の証拠改竄が表沙汰にならなければ、村木さんの無罪判決は控訴審で覆される危険性も、ないとは言えなかった。じつは、大阪地検は控訴する方向で新たな証拠作りの準備に入っていたらしいのだ。私の知る範囲では、倉沢氏らが石井議員のところへ請託に行った日にちを、〇四年二月二五日から数日ずらし、石井議員の「ゴルフ場のアリバイ」を外した供述を関係者にさせるつもりだったようである。

村木事件における検察の敗因は、そもそも叩いてもホコリが出ない村木さんを標的にしたことだと思う。村木さんは精神的にもタフで、供述調書にサインしたのは逮捕後間もない一回のみ、あとはすべてサインを拒否して特捜部の思い通りにならなかった。

もう一つの敗因は、捜査があまりにも杜撰だったことだが、これは大阪地検特捜部のレベルが低かったというより、「検察官がプレイヤー兼審判」という特捜事件ならではの特徴に原因がある。客観的事実であっても、検察ストーリーと矛盾するものはあまり目に入らず、供述のなかで自分たちに都合の悪い部分は「嘘を言っているに違いない」という目で見た結果、暴走を続けてしまったのであろう。

プレイヤー兼審判というのは、特捜部自身にとっても危険なことなのである。

第二章　裏司法取引

特捜検察の特徴の一つとして、役割分担が明確な「鵜飼い式取り調べ」が行われていることが挙げられる。主任検事が鵜飼いの鵜匠のように部下の検事たちを操り、事件の被疑者や関係者らに各検事を張り付け、担当する相手を落とすことに集中させる。

検察の意に添う調書を各検事から鵜飼い方式でうまく集める上司は、組織内で評価される。上司の指令どおりに相手を落とし、自分たちが描いている事件のストーリーに沿った調書を上手に作る検察官は、「割り屋」と言われ、これもまた高く評価される。

いきおい、取り調べは強引なものとなる。関係者に何かうしろめたいことがある場合には、そこに付け込む形で「裏司法取引」が行われることも多い。「この件については不問にするから、検察の言うことを聞け」と持ち掛け、トータルからすると検察の意向に従ったほうが得をするという構造を作って、相手を取り込むわけだ。本章では、その具体的な手口を取り上げるが、その前に、裏司法取引が横行する背景について述べておこう。

日本では、二〇一八（平成三〇）年から司法取引制度が導入されているが、この日本版司法取引は、検察にとって使い勝手があまりよくないと思う。司法取引をする相手と合意するには、その相手に弁護人をつけたうえで、その弁護人と合意内容を書面にして裁判所に提出するなど、いくつかの手続きを踏む必要があるからだ。また、検察は、司法取引に応じた人に対して、それなりの処分もしなくてはならない。

検察側からすれば、こうした正規の手続きを経ず、裏司法取引によって事実に反した供述調書にサインさせるほうが「手っ取り早い」ということにもなるだろう。

この場合、調書にサインをした人にはうしろめたいことがあるので、裏司法取引があったことはなかなか明るみに出ない。村木厚子事件では、裏司法取引的な手口で事実に反した調書が取られていたことが裁判で暴露されたが、こういうケースは稀である。

手口⑤ 別件捜査で相手の弱みを突く

収賄容疑で関係者に圧力をかけた検察

第一章で述べたように、村木事件では、村木さんの元上司の塩田幸雄氏は「偽証明書の発行を村木さんに指示した」とする供述調書を何通も取られたが、法廷では全面否定した。

なぜ、塩田氏は事実に反する供述調書にサインをしたのか。反対尋問に立った私は、

「取り調べ前日に行われた家宅捜索の際、業者からもらった商品券や酒などの写真を撮られており、それが精神的負担になりました」

という証言を引き出した。

じつは、塩田氏の取り調べでは、村木事件についての調書とは別に、彼が業者から多数

の贈り物を受け取っていたという調書も作成されていた。検察官は、塩田氏にとって不都合な事実を記した調書を作り、村木事件で検察のストーリーに沿った供述をしないと収賄で逮捕されるのではないか、という不安を与えていたのである。

このように、相手の弱点を突いて「検察の言う通りにしないと別件で逮捕するぞ」と圧力をかける手法を、検察官用語では「フタをする」と言う。塩田氏の場合、検察官との間に「検察に協力すれば収賄の件は不問にする」と明確な取引があったわけではないと思うが、別件逮捕の恐怖は彼にとってボディブローになったはずである。

事件と無関係な粗探し

村木事件の取り調べでは、当初、検察は「厚労省内のプール金問題」に固執していた。

この「プール金」とは、厚労省職員が法律解説書などの執筆をして出版社から受け取った原稿料のことだ。役人は、立法などに携わった際の勉強の成果に基づいて、本にすることが多い。その本から得た収益は職場の誰かが預かっておき、皆で食べるおやつ代などに充てる。ただそれだけの話で、誰も悪いことをしていたわけではない。

しかし、検察は、このお金を「裏金」と呼び、厚労省の組織的不正であるとして、村木さんや部下の上村氏に対して「裏金づくりを知っていたのではないか」と質問を繰り返し、二人の追及材料にしようとした。

二人の「被疑者ノート」を見てみよう。被疑者ノートは、弁護人が勾留中の被疑者に差し入れて日々の取り調べ状況などを記録してもらうノートで、不当な取り調べが行われていないか確認したり、事実に反する調書を取られないようにするための有効な手段になる。

上村氏の被疑者ノートには、二〇〇九年六月一日の取り調べ事項として、

「・裏金作り→他にかくしていることはないか。（組織的に）→省内の悪いうわさなど明日まで考えておくように」と記されている。翌日の取り調べ事項の欄にも、

「・裏金づくり→資金の使いみち（旅費、慶弔費、飲食）。口座の管理法。いつからやっていたか。幹部の国会議員への接待に使われていなかったか。→知らない

・他の厚労省内の悪事について→知らない」と、検察官とのやり取りが書かれている。

村木さんの被疑者ノートにも、同年六月一八日の取り調べ事項の欄に、村木さんが逮捕時に局長を務めていた厚労省雇用均等・児童家庭局について、

「原稿料のプール金がみつかったが知っているかと聞かれた。原稿料等どうしているか、いつまでプール金制度があったかなどきびしく聞かれた」との記述がある。

村木さんは、「プール金は知らない。自分の原稿料は届出をし、税も自分で処理。厳しすぎるぐらいきれいにしている」旨を検察官に説明したが、その後もプール金について何度

も質問された。

言いがかりのようなものだが、これも検察がよく使う手口だ。どこにでもあるような話を、ことさらに悪いことをしているように取り上げて、相手を萎縮させる。そういうことを言い続けられると、たいていの人は、「自分たちは悪いことをしていたのだろうか」と思いはじめて、闘う気持ちがだんだん萎えていく。それを狙っているのである。

手口⑥ 保釈や量刑をちらつかせて検察に有利な供述を引き出す

低額の保釈金で露骨な利益誘導

保釈金（正式には保釈保証金）は、未決勾留中の被告人が釈放される際、裁判所に納める保証金である。これだけの金額を担保として納めさせれば、逃亡したり、関係者に働きかけて証拠を隠滅したりすることは絶対にできないだろう、という額に設定される。保釈時の条件に違反すると、保釈は取り消されて再び身柄を拘束され、納めた保釈金は没収される。保釈条件に違反しなければ、判決が無罪でも有罪でも、保釈金はいずれ全額戻ってくる（無罪か執行猶予付判決のときは、その時点で。実刑判決確定のときは、収監後）。

保釈金の額は、事件の内容や、支払う人の財力によって異なる。村木厚子事件レベルなら、保釈金が三〇〇万円以下ということはまずない。たとえば村木さんの場合、保釈金は一五〇〇万円で、村木夫妻はいくつかの定期預金を解約するなどして調達した。

ところが、この事件の中心人物の一人とされた「凛の会」の河野克史氏が支払った保釈金は、たったの一〇〇万円だった。河野氏の財力がどの程度だったのかはわからないが、国選弁護人が担当する事件でも、保釈金がたったの一〇〇万円というケースは稀である。

河野氏は、取り調べの際に林谷浩二検事から、「罪を認めなければ長くなるぞ」「勾留が一〇日ですむか、長くなるか、執行猶予が付くかは、あんたの態度しだいだ」などと言われ、虚偽の自白を強要されていた。彼は「全面自供」し、起訴直後に保釈された。

その際、大阪地検特捜部の前田恒彦主任検事は、河野氏の保釈請求について「しかるべく」としたうえ、「保釈保証金は、一〇〇万円を相当と思料する」との意見書を裁判所に提出していた。この対応はあまりにも露骨だ。検察は、「全面自供」と引き換えに保釈金の額をべらぼうに安くするという、裏司法取引をしていたとしか思えない。

これについて我々が大阪地裁に問題提起したところ、横田信之裁判長は、証拠の採否を決めた公判において、次のように述べた。

「保釈保証金一〇〇万円というのは、相当低額とみられる」

「本件のように検察官が、一般的にみて低額な保釈保証金額が相当であるとの意見を述べることは、一般的な扱いとはみられない」

「河野に対しては、検察官から威迫や取引、利益誘導が行われていた可能性が認められる」

裁判所がここまで言うのは異例のことだと思う。

意のままに供述調書を取るための道具として「保釈」を使うのは、特捜検察の常套手段で、村木事件では上村氏もこの手口にはめられてしまった。彼の被疑者ノートには、

「保釈という甘いえさの誘惑に負けてしまった」

「すでに出来あがっている調書に署名押印という段取りになっていて、ここで話がこじれるのが怖くなった」（いずれも〇九年六月二五日）

と記されている。法廷で、上村氏は、次のように証言した。

「保釈されたい一心で、國井検事には逆らえなかった。どんな供述書にも署名しました」

「裁判のことが心配」という脅し

村木さんの被疑者ノート（〇九年七月一日）には、取り調べの際の國井検事について、「雑談中心。裁判結果が心配と繰り返し言う」と記されていた。「裁判結果が心配」と言って、「否認を続けると実刑がつく」ことを仄《ほの》めかす。これも、特捜検察の常套手段だ。

実際に、日本の裁判所は、罪を認めない人には証拠隠滅や逃亡の可能性があるから保釈

を認めない、という考え方をする。また、判決まで罪を認めなかった人に対して、裁判官が有罪と判断した場合には、「不合理な弁解をして罪を認めず、何の反省もしていない人間である」として、刑を重くする傾向がある。

その意味で、國井検事の言葉は「ウソの脅し」ではない。検察としては、なんとかして被疑者に罪を認めさせたいので、裁判所の実務を利用して脅しに使うわけである。

【贈賄側と特捜部の利害が一致――秋元司ＩＲ汚職事件】

贈収賄事件に多い裏司法取引

贈収賄事件では、贈賄側から攻めていくのが検察の鉄則といえる。贈賄側さえ落としてしまえば、収賄側のほうは間違いなく起訴して有罪にできるという発想なので、贈賄側を落とすために裏司法取引が行われることも多い。

ここでは、二〇一九年に秋元司衆院議員が収賄容疑で東京地検特捜部に逮捕・起訴された「秋元司ＩＲ汚職事件」について、検討してみよう。

この事件では、秋元氏がＩＲ担当内閣府副大臣を務めていた二〇一七～一八年当時、中国企業「５００ドットコム」（以下、「５００社」）に対してＩＲ事業参入の便宜を図る見返りに、同社から約七六〇万円相当の賄賂を受け取ったとされている。

秋元氏は二〇二〇年二月に保釈されたが、その半年後、「保釈中に、贈賄側の被告に偽証を求め、その報酬として現金を提供しようとした」として組織犯罪処罰法違反（証人等買収）容疑で再逮捕・追起訴され、受託収賄事件での保釈を取り消された。

受託収賄事件と証人買収事件のいずれについても秋元氏は無実を主張したが、二一年に懲役四年、追徴金約七六〇万円の実刑有罪判決を受け、即日控訴。私は控訴審から本件を担当している。

この事件の主な焦点は二つある。一つは、「500社」から秋元氏に渡されたとされる「現金三〇〇万円の陣中見舞い」の件。もう一つは、秋元氏の元秘書への強引な取り調べによって作られた供述調書の信憑性である（これについては第三章で述べる）。

「三〇〇万円の陣中見舞い」は、二〇一七年九月二八日の一三時三〇分～四五分頃に、議員会館の秋元氏の執務室で授受があったとされているが、秋元氏は、その時間帯に議員会館へは行っていないと主張している。後述するように、弁護側も一審で、秋元氏の主張を裏付ける客観的証拠をいくつも提出した。

一方、検察側は、「500社」の顧問だった紺野《こんの》昌彦《まさひこ》氏と仲里勝憲《なかざとかつのり》氏から、議員会館で秋元氏に会って賄賂を渡したことを認める供述調書を取って、それに沿う証言をさせた。検察側の証拠と言えるようなものは、それだけである。にもかかわらず、一審では、検察側の主張が認められてしまった。

弁護側の客観的証拠はすべてはねつけられた

紺野氏と仲里氏が議員会館へ行ったかどうかについては、「今、議員会館の下に着いた」「訪問は何時にしよう」といったメールのやりとりが残っており、二人がその日、議員会館に行ったことは、おそらく事実だろうと思う。

しかし、二人はその日、秋元氏以外の議員事務所数ヵ所も訪問したが、どの議員も不在で、面会した事実はない。それもそのはずで、この日は衆議院が解散され、すべての議員が次の選挙準備に向けて大忙しだったのだ。こうした状況のなかで、仮に、紺野氏と仲里氏が秋元氏に会ったとするなら、「秋元議員だけには面会できた」といった報告を「500社」にメールで送っているはずだが、その痕跡は何もない。二人はその後、ほかの議員に会えたときには、その旨を「500社」にメールで報告しているのに、秋元氏に関しては何の報告もしなかったのである。

そもそも、紺野氏と仲里氏が議員会館に行ったかどうかと、秋元氏に会えて金銭を渡したかどうかとは別問題であり、この二つは分けて考えなければならないはずである。二人は実際に秋元氏の事務所を訪ねたかもしれないが、問題は、そこに秋元氏がいたかどうかだ。

弁護側が証拠として提出した秋元氏のスケジュール表には、金銭の授受があったとされる日時に、議員会館へ行くという記載はない。同じく証拠として提出した秋元氏のスマートフォンの「ヘルスケアアプリ」には、秋元氏の動静が分単位で記録されているが、その記録も、紺野氏や仲里氏に会ったとされる時間帯に、秋元氏は動いたり歩いたりしていなかったこと、つまり議員会館から国交省へ移動していなかったことを示している。この時間帯、秋元氏は国交省の副大臣室で来客に応接中で、スマートフォンがテーブルの上に置かれている写真もある（P225参照）。

しかし、一審裁判所は、人間だからスケジュール表に予定を書き忘れることもあると判断し、ヘルスケアアプリについても、よくわからないアプリであり、証拠としては不充分と判断した。弁護側の提示した客観的証拠は、すべてはねつけられ、紺野・仲里証言だけをもとにして、秋元氏が議員会館へ行ったことは間違いない、とされた。そして、そのことはイコール三〇〇万円を受け取ったことになる、と判断されてしまったのである。

「検察に取り込まれるほうが有利」という状況づくり

じつは、紺野氏と仲里氏は、「500社」から二〇〇〇万円を超えるお金を、すなわち同社から預かっていたお金の大半を勝手に懐に入れていたのだ。業務上横領を疑われても致し方ない行為であり、普通ならば放置されるわけがない。

ところが、特捜部は、二人を業務上横領罪で捜査もしていない。紺野氏と仲里氏の犯罪に目をつむる代わりに、秋元氏が賄賂を受け取ったとする供述調書にサインをさせた可能性は、否定できないだろう。

特捜部としては、一般人を業務上横領罪などで検挙してもたいした手柄にならないが、議員バッジをつけている人を挙げれば大手柄になる。

紺野氏と仲里氏にしてみれば、業務上横領より贈賄のほうが罪は軽くなる。一〇〇〇万円以上の横領は、そのお金を弁償していなければ実刑になる。しかも、業務上横領は最高で懲役一〇年と刑が重い。二〇〇〇万円超の横領なら、執行猶予が付かない判決が出ることは間違いないだろう。一方、贈賄なら最高でも懲役三年で、執行猶予付きの判決が期待できる。

となれば、紺野氏と仲里氏は贈賄罪を選択するはずである。自分たちのほかの罪状を見逃してくれるのだから、検察に逆らうより、取り込まれてしまうほうが有利、という状況を作られてしまい、特捜部との間で裏司法取引的なことをした、という疑いが濃い。

「証人買収」という裏取引はあったのか

秋元氏の一審で、弁護側の提出した客観的証拠がことごとく排除され、有罪実刑判決が下されたのは、彼が「保釈中に紺野氏と仲里氏に対して証人買収をした」とされたことが大きく影響していた。一審の判決文では、「前代未聞の司法妨害」と極めて厳しい口調で批判されており、裁判官の心証をかなり悪くしたことがわかる。

保釈中の被告人が、裁判所の決めた保釈条件を無視して、関係者にウソの証言を求めたとすれば、裁判所としては、被告人の主張はおよそ信用できないと捉えてしまって不思議でない。

しかし、秋元氏の場合は、これには当たらない。彼は、紺野氏と仲里氏に対して、「真実を話してほしい」と依頼したからである。

いわゆる組織犯罪処罰法で「証人等買収」とされているのは、事実と異なる証言を求める行為（たとえば、虚偽の証言、証拠の隠滅・偽造などを求める行為）だけだ。多くの人は、金品を渡して証言を依頼すると、それだけで罪になると考えているようだが、真実を話してほしいと依頼することは、問題にはならないのである。

したがって、秋元氏のケースは、金品が絡んだとしても、証人等買収罪に抵触することはない。控訴審で、秋元氏が事件当日に議員会館へは立ち寄っていないということが認められれば、証人等買収罪で問われた件も自動的に消滅することになる。

【横領犯を証人に仕立てて「オウム裁判」の弁護活動を妨害――安田好弘弁護士事件】

国策捜査で「目障りな弁護士」を弾圧

この事件は、オウム真理教事件で麻原彰晃《あさはらしょうこう》（本名・松本智津夫）氏の主任弁護人を務めていた安田好弘《よしひろ》弁護士が、一九九八年に警視庁捜査二課に逮捕された事案である。特捜事件ではないが、国策捜査という点で共通する問題があるので取り上げる。

安田氏の容疑は、顧問先の不動産会社スンーズ・コーポレーションに指示して、差し押さえ執行がなされるべき二億円余の「資産隠し」をさせたとする、強制執行妨害であった。

一貫して無実を主張した安田氏の勾留は一〇ヵ月近く続き、保釈請求の却下は九回に及んだ。この種の犯罪としては異常な長さである。その間に安田氏は、自らの潔白を証明すべく、東京拘置所に支援者から差し入れられたスンーズ社の膨大な会計帳簿を、独自に調べ上げた。紙に小さな文字と数字を書き込みながら、すべて手計算で一つずつチェックした結果、スンーズ社の経理担当者による帳簿改竄と資金隠蔽工作を発見した。

法廷で弁護側から追及されたスンーズ社の経理係の女性（検察側証人）は、「資産隠し」とほぼ同額の二億一〇〇〇万円を横領していたことを告白した。しかも、彼女は、警察の取り調べの段階で、この横領の事実を告げていたというのである。

検察は、それを知りながら、無実の安田氏を起訴して事件をでっちあげた。のみならず、この女性への事情聴取で不当な利益誘導をし、彼女が巨額の横領をしていたことを見逃す代わりに検察側証人に仕立て上げ、安田氏に不利な証言をさせていたのである。この点で、秋元司ＩＲ汚職事件とよく似た構造だと言える。

一二年に及ぶ裁判と「壮大な妥協判決」

安田氏は、長期にわたる勾留のため、麻原氏の主任弁護人を外され、弁護活動は大きなダメージを受けることとなった。

安田氏の逮捕は、検察権力による謀略だったと言える。この事件は、麻原氏の公判が長期裁判の様相を呈していたなかで起こった。検察側は、法廷で証人に対して微に入り細を穿《うが》って念入りな質問を繰り返す安田氏の弁護手法に、苛立ちを募らせていた。自分たちのペースで公判を進めたい検察側が、目障りな安田氏をオウム裁判から外したいと考えていたことは間違いない。

安田氏は、日本の死刑廃止運動のリーダーであり、一貫して市民や弱者の側に立つ弁護活動に尽くしてきたことが広く知られていた。その安田氏に対する公権力による「弾圧」に、弁護士界は大きな衝撃を受け、多数の弁護士が抗議行動に出た。安田氏の弁護団には最終的に二一〇〇人もの弁護士が名を連ね、抗議デモには約三〇〇〇人が参加。日弁連（日本弁護士連合会）は抗議声明を発表した。

安田氏の裁判は一二年間続いた。その概略を記しておこう。

二〇〇三年に東京地裁は、安田氏に無罪判決を下した。裁判長は判決理由のなかで、前述の横領事実を検察が見逃した問題を指摘して、捜査段階の関係者聴取には不当な誘導があったことが窺われ、公判で不利な事案を隠すような態度もアンフェアと、検察側を厳しく批判した。

しかし、〇八年の控訴審で東京高裁は、安田氏に対して逆転有罪としたうえ、幇助犯として五〇万円の罰金刑を言い渡した。罰金刑なら弁護士資格は剝奪されない。この判決は、検察のメンツを立てながら、安田氏の弁護士資格を維持する苦肉の策であった。

そして一一年、最高裁は検察、被告双方の上告を棄却。安田氏の有罪が確定した。安田氏は、「壮大な妥協判決」と言い捨てた。

手口⑦ 家族や親しい人を「事情聴取する」「逮捕するぞ」と言って、圧力をかける

村木厚子事件で、村木さんが起訴されたのは、二〇〇九年七月四日であった。村木さんは、事前に「起訴決定」を知らされた際の國井検事の言葉として、被疑者ノート（〇九年六月三〇日）に次のように記している。以下、〔 〕内は筆者が付した補足である。

「村木さんには大変ショックな知らせがある／起訴を決めた。検事総長まで内諾を得た。

――中略――支援する会ができるようだが、裁判になればそうした人達をまきこむことになる。また〔否認をしているなら〕厳しい実刑を受けることになるがそれでもいいのか」

「支援する会」とは、村木さんの真面目な人柄や厚労省での真摯《しんし》な仕事ぶりを知る人たちが結成した「村木厚子さんを支援する会」のことだ。こうした支援グループの存在は、検察官にとっては不安材料になる。そこで國井検事は、「否認したまま裁判になれば、支援する会のメンバーも巻き込まれて厄介なことになるぞ」と、暗に村木さんを脅したのだろう。

しかし、村木さんは、「それでも真実は曲げられません」と答え、被疑者ノートの「取調方法」欄にある「利益誘導　有」にチェックを入れた。

検察官が、被疑者の家族・親族、友人、職場関係者、支援者などを引き合いに出し、「事情を聴くぞ」「逮捕するぞ」と言って被疑者に圧力をかけるというのも、よくあること

である。特に、検察官が作文した自白調書にサインをするかどうかの攻防になると、「サインを拒否すれば、家族や同僚も引っ張ることになるだろうな」などと脅されるため、ほとんどの人は調書にサインしてしまう。「家族を守りたい」「職場に迷惑をかけたくない」という気持ちを、逆手に取られてしまうわけだ。そういうことが罷《まか》り通っていること自体、大きな問題である。

なお、村木事件では、上村氏も取り調べの際に検察官から、こう言われていた。

「否認するわけね。じゃあ、室長補佐だった田村さんとか関係者全員証人尋問だね」

上村氏は、その日の被疑者ノート（〇九年六月二二日）に、「［この発言には］プレッシャーを感じた」と記した。また、「心臓がドキドキして苦しい。訳もなく涙が出てくる」状態になり、そのことを留置管理係に訴えたところ、「話はきいてくれた。うれしかった」とも書いており、彼が非常に苦しんでいたことがよくわかる。

上村氏の被疑者ノートには、ほかにも、「えん罪はこうして始まるのかな」「どうしても村木と私をつなげたいらしい」など、生々しい言葉が綴られている。我々は、上村氏の弁護側証人尋問の際、彼の被疑者ノートの内容を法廷の大型スクリーンに映し出した。

証人尋問では、被疑者や参考人に証拠資料を示しながら質問するとき、資料の内容を明らかにするために、スクリーンに映し出すことがある。資料の内容によって、弁護人と裁判官だけに見えるようにする場合と、傍聴席も含めて見えるようにする場合がある。上村氏の証人尋問では、傍聴席にも見えるようにし、法廷にいるすべての人が、何について尋問しているのか、はっきりわかるようにした。

三日間にわたり証言台に立った上村氏は、ときに涙を流すこともあったが、事件は自らの単独犯行で、村木さんはまったく関係ないという事実を、きちんと証言してくれた。

「予算編成に追われるなか、『凛の会』から証明書の発行をたびたび催促され、忙しさから逃れるために偽の証明書を作り、勝手に村木課長の公印を押してしまいました」と。

供述調書の内容に反して法廷で事実を述べるのは、非常に勇気の要ることである。

一方、大阪地検公判部副部長の吉池浩嗣《よしいけひろつぐ》検事は、公判後、「上村の動機が雑事から逃れるためというのは不自然だ。被疑者ノートも、もっともらしく聞こえるが、実際はもっと違うはず」などとメディアに対して述べていた。上村氏を含む証人が、法廷で次々と供述調書の内容を翻《ひるがえ》すという展開に、焦りを募らせていたのであろう。

手口⑧　社会的抹殺を示唆して、圧力をかける

「会社を守りたいなら言うとおりにしろ」

国策捜査によって、犯罪者に仕立て上げられた鈴木宗男氏　（写真提供：共同通信社）

　贈収賄事件では、贈賄側とされる企業などの関係者に対して、検察官が、「会社を守りたいなら我々の言うとおりにするほうがいい。そうすれば悪いようにはしないから」などと言って、自分たちの意のままに供述調書を取り、法廷で検察に有利な証言をさせることがある。端的に言えば、「言うことを聞かないと会社が潰れるぞ」と脅すわけである。

　大物政治家が絡む贈収賄事件では、標的にした政治家を「表舞台から抹殺する」という意図も、そこに加わってくる。鈴木宗男事件が、まさにそうであった。

　序章でも触れたように、この事件で鈴木氏は、斡旋収賄罪、受託収賄罪、

議院証言法違反、政治資金規正法違反で有罪判決を受け、再審請求中である。

これら四つの事案のうち、斡旋収賄事件は、北海道の製材会社「やまりん」に国有林公売等の入札停止処分への対応で便宜を図った見返りに、五〇〇万円を受け取ったとされるもので、「やまりん事件」と呼ばれる。また、受託収賄事件は、鈴木氏が北海道開発庁長官だったとき、網走市の島田建設に望みどおりの港湾工事を落札させるよう北海道開発局職員に指示した見返りに、六〇〇万円を受領したとされるもので、「島田建設事件」と呼ばれる。

実際には、そのような依頼は存在せず、これらのお金は政治資金規正法に準じて処理された正規の政治献金で、鈴木氏が「やまりん」から受けた政治献金は五〇〇万円ではなく、四〇〇万円だったのだが、両社の幹部らは、事実と異なる供述調書を取られ、無理やりにサインをさせられていた。

島田建設の常務取締役営業本部長だった山口勝由《やまぐちかつよし》氏も、その一人だ。控訴審から鈴木宗男事件を担当した私は、山口氏のもとに何度も足を運び、事実を話してほしいとお願いしたが、彼の口は重かった。しかし、その後、島田建設が解散したことから、山口氏は真実を語ることを決意し、調書を取られたいきさつも含めた陳述書を書いてくれたのである。

陳述書から浮かび上がる特捜部の意図

山口氏の陳述書には、島田建設が東京地検特捜部の家宅捜索を受けたあと、島田光雄社長をはじめとする同社の幹部らが東京に呼びつけられて事情を訊かれた、と書かれている。地方在住の関係者を東京まで呼びつけるのは、「検察の筋書き通りに供述するまでは地元に帰れない」と思わせるためで、これも特捜検察がよく使う手口だ。

山口氏は、東京での初めての取り調べの際、互敦史《たがいあつし》検事が「鈴木宗男抹殺」の意図を語ったことも、陳述書に記している。以下、〈 〉内は山口陳述書からの引用である。

〈互検事が、取調中、「私は、鈴木宗男という人間が嫌いだ。権力を盾にしてやるような政治家は嫌いだ。将来、ああいう人間が政界をしょって立つようになるかと思うとぞっとする。そういう意味でも、鈴木宗男を立件する必要があるんだ。」と話していたのを印象深く覚えています。ともかく鈴木宗男を立件するというのが検察庁の至上命題だったことが、互検事の言葉に端的に表れています〉

その後も、山口氏は何度も東京に呼びつけられて取り調べを受けたが、いくら事実を説明しても、検察官は相手にしてくれなかった。そのうえ、島田社長が検察官の見立てに沿った供述をしていると聞かされ、もう抵抗しても無駄だと観念してしまったという。

島田社長は、長年にわたり鈴木宗男氏を応援してきた人物だが、高齢のうえ、慣れない東京での取り調べが続いて体調を大きく崩し、夫人が網走から上京して世話をしなければならないほど弱っていた。検察と闘う気力・体力をなくしていたところに、検察官から「会社を守るために」と裏司法取引を持ち掛けられ、結果として宗男氏を裏切る形になってしまったものと思われる。山口陳述書には、島田社長らが、「自分たちは検事の言うとおりに供述しているから、検察庁は島田建設にあまり悪い対応はしないはずだ」と言っていた旨が記されている。また、〈島田夫人が「これからも検察の言う通りにやっていきましょう。検察は島田建設に好意的にやってくれているんだから。」と島田社長を励まし、またほかの人に対しても、これ以上社長を苦しめないように、どうか社長の言うことに合わせてください、と話したことがありました。

私はこのような社長たちとのやりとりを通じて、検事の言うことに従うしかないんだ、という思いを強くしました〉との記述もある。

なお、島田建設と「やまりん」の幹部らは、特捜部の作った「想定問答集」に従って、法廷で虚偽の証言をしていたことも明らかになっている。こうした証人尋問を「シナリオ尋問」という。これについては、第五章「手口⑲」で述べる。

【「知事を抹殺する」と言った特捜検事――佐藤栄佐久福島県知事事件】

これは私が担当した事件ではないが、二〇〇六年に、現職の福島県知事だった佐藤栄佐《えいさ》久《く》氏や実弟らが、東京地検特捜部に逮捕・起訴された。容疑は、ダム工事の受注調整をめぐる収賄、大規模下水道整備工事をめぐる談合、〇四年県知事選での選挙違反だった。

佐藤元知事がこの事件について書いた『知事抹殺　つくられた福島県汚職事件』（平凡社）によると、取り調べの際に森本宏《もりもとひろし》検事が、栄佐久氏の実弟に対して、

「知事は日本にとってよろしくない。いずれは抹殺する」

と言い放ったとされている。収賄罪に問われた佐藤栄佐久氏は、東京地裁で執行猶予付き有罪判決を受け、上告審まで争ったが、一二年に上告が棄却され有罪判決が確定。森本氏の言葉どおり、事実上、政界から「抹殺」された。

佐藤氏は、道州制反対派の中心人物であり、「道州制によって大都市一極集中を招いてはならない」という理由で自身の逮捕について、「私が辞職せざるをえない状況に追い込まれたのは、〔全国知事会で道州制を潰した〕その二ヶ月後、安倍（晋三）さんが道州制と憲法改正を掲げて首相になった次の日でしたから」と語っている。（「本の窓」小学館　二〇一四年三・四月合併号＝菅原文太《すがわらぶんた》氏との対談より引用。〔　〕内は筆者による補足）

また、佐藤氏は、東京電力による原発の事故隠しを厳しく批判した知事であり、プルサーマル計画にも一貫して反対していた。そのため、この事件は「原子力ムラ」擁護のための国策捜査だったと言われるが、その一方で、佐藤氏の逮捕は政権の総意ではなく、特捜部長レベルの意図を反映した事件だったとも言われている。当時の佐藤氏は、首長として目立つ存在ではあったが、政治的に「抹殺」しないと政府あるいは自民党として困るほどの権力者ではなかった。

なお、「いずれは知事を抹殺する」と言ったとされる森本宏検事は、のちに東京地検特捜部長となり、私が担当したカルロス・ゴーン事件、現在担当中の秋元司ＩＲ汚職事件や文科省汚職事件（文科省の現職局長らが受託収賄で逮捕・起訴された事件、第七章Ｐ273～275参照）などの捜査を指揮した。二〇二三年六月現在、東京地検次席検事（地検のトップである検事正に次ぐ立場）である。

第三章　「人質司法」という拷問

日本の取り調べは自白を偏重する。その最大の武器が、逮捕・起訴した人を長期間勾留する「人質司法」である。

勾留には二種類ある。一つは、起訴される前の被疑者を検察官が取り調べるための勾留で、警察の留置施設あるいは拘置所に収容される。起訴前の勾留期間は原則一〇日間であるが、現実には二〇日間の勾留が当たり前になっている。

もう一つは、起訴されたあとの勾留で、検察官による取り調べはなく、被告人は拘置所にただ入れられているだけである。刑事訴訟法では、起訴後の勾留期間は二ヵ月間とされているが、特に継続の必要がある場合には、検察官の勾留延長請求を裁判所が認めれば一ヵ月ごとに勾留を更新できる。

勾留継続の主な理由は、証拠隠滅か逃亡の恐れがある、ということになっている。しかし、逃亡すると合理的に推測できるケースは稀である。まして、証拠については、すでに警察や検察がこれという証拠は残らず押収し、関係者を片っ端から取り調べてしまっているから、証拠隠滅などできるはずもない。

延々と勾留を続けるのは裁判所だから、「人質司法」と呼ばれる。人質司法が冤罪を生む温床になりやすいことは、かなり前から指摘されていることであり、国外でも“hostage justice system”と言われて、問題視されている。

しかし、特捜検察は今も人質司法に熱心だ。もともと特捜検察は調書中心主義なので、自分たちの見立てに沿った調書にサインするまでは被告人の身柄を拘束しようとする。

政治家、高級官僚、大企業のトップなどが身柄を長期間拘束されれば、社会的に大きな影響を及ぼしかねないし、支援者、役所関係者、取引先にまで捜査の手が伸びて、多大な迷惑をかけてしまうかもしれない。そうした不安に苛《さいな》まれながら、拘置所で一人過ごすことに耐えきれなくなり、身に覚えのない罪を認めてしまう人も少なくない。

特捜検察はそれを狙っている、とも言えるのである。

手口⑨ 長期勾留で被疑者・被告人を心身ともに追い込む

早く拘置所から出たくて、検察の言いなりに……

刑事訴訟法では、被疑者に対する勾留期間は一〇日間が原則であり、「やむを得ない事由」があるときに限り、さらに一〇日間まで延長が認められる、ということになっている。しかし、現実には裁判官が勾留延長請求を九九%認めているため、前述したように、逮捕されれば二〇日間の勾留が当たり前になっている。そのうえ、再逮捕、再々逮捕により、四〇日間、六〇日間の勾留もざらである。検察官は、「いつになったら出られるのか」という被疑者の不安を巧みに突き、自白へと追い込んでいく。

村木厚子事件では、共謀して偽の証明書を発行したとして、村木さん、「凛の会」の倉沢・河野の両氏、厚労省の係長だった上村氏の四名が逮捕されたが、そのうち、村木さんを除く三名は、罪を認めたということで起訴直後に保釈された。

上村氏は、証明書発行に関する偽の稟議書を作成した容疑で逮捕され、当初は容疑を否認していたが、虚偽有印公文書作成・同行使容疑で再逮捕されたあと、村木さんから偽証明書作成の指示があったことを認める供述調書にサインした。自分の記憶と違う調書にサインをした理由を、彼は、法廷で次のように証言した（〔　〕内は筆者の補足）。

「検事さん、力があるから、もうどうにでもできるわけですよね。〔自分の〕立場は弱いです。そうやっておとなしくしてないと、どんどん勾留期間は長くなるし、再逮捕ということもあるし、というふうになっていくと、もうそれに耐え切れなくなってしまったんです」

「下手なこと言って、また〔検察官を〕怒らせると、自分にとって不利なことばっかりだから、早く拘置所から出るには、もうおとなしくしてるしかないのかなって、あきらめてしまいました」

上村氏は、再逮捕によって四〇日間にわたり連日厳しい取り調べを受けていた。社会からも家族からも隔離された拘置所生活による精神的苦痛と、身体拘束がいつまで続くかわからないという恐怖心から、検察官に迎合してしまったのである。

無実を主張して一六四日間も身柄拘束

一方、村木さんは罪を認めなかったため、起訴後も長期勾留されることとなった。

我々は、起訴直後の二〇〇九年七月に二回、大阪地裁に保釈請求をしたが却下され、準抗告（裁判官の処分に対する不服申し立て）も認められなかった。公判前整理手続が進行した一〇月の三回目の保釈請求は、裁判官が保釈を認めたにもかかわらず、検察官が準抗告を行い、保釈許可決定は取り消されてしまった。

四回目の保釈請求が認められて村木さんがようやく自由の身になったのは、一一月下旬のことである。村木さんの身柄拘束期間は一六四日にも及んだ。

被告人の保釈は、なかなか認められない。多くの場合、裁判で重要な証人尋問がすべて終わった頃に、やっと保釈が認められる。我々も正直なところ、村木さんの身柄拘束は最悪の場合、最重要証人である上村氏の証人尋問が終了するまで続くかもしれないと覚悟していた。

なお、最近の裁判官は、保釈を認める場合も、保釈を蹴る場合も、その決定が準抗告でひっくり返る可能性がありそうなら、敢えて無理をしない。検察側あるいは弁護側が準抗告をしても大丈夫だろうという見通しのもとに決定しているのだと思う。

やっていないことは自白しようがないのに、自白していないからずっと勾留されるというのは理屈に合わないと、読者も思うだろうが、裁判官は、「検察が起訴した以上、やっている可能性がある」という前提に立ってしまうようだ。また、検察官から「保釈には何がなんでも絶対に反対」と言われると、裁判官も影響され、「検察がそこまで強硬に反対するのなら」と、ちょっと引いてしまうところもあるように感じる。

長期勾留が心身に及ぼす深刻な影響

村木さんが勾留されていた大阪拘置所は、房の中にエアコンがなく、夏は蒸し風呂のような暑さだった。拘置所では風呂やトイレを自由に使えないし、寝具や衣類も制限される。もちろん、好きなものを飲んだり食べたりすることもできない。約半年の勾留期間中に、村木さんの体重は六キロも減った。

「半年間拘置所に入っていて、外に出て身体が回復するのにやはり半年かかった」と、村木さんは著書『私は負けない』(聞き手・構成：江川紹子氏、中央公論新社)のなかで述べている。以下は、同書記述の要約である。長期間の身柄拘束が心身に及ぼす影響が、いかに深刻なものであるかがわかる。

まず、身体への影響であるが、拘置所の中ではずっと座っている生活だったため、足が弱り、保釈後は駅の階段も一気に上がれなかった。拘置所内では人と喋る機会が少なかったため、のども弱っていた。自宅のベランダの鉢植えに水をやらなければ、植え替えもしなければ、と思いながら、なかなか気力が湧いてこず、夫の太郎氏が海外出張中に、すべて枯らしてしまったという。

＊

心が回復するには、さらに時間がかかった。

村木さんは、逮捕後の二〇日間、連日、昼過ぎから夜の一〇時頃まで、休憩や夕食を挟んで取り調べを受けた。その間、拘置所の房で泣くことは、ほとんどなかったという。「泣くのが怖かったのです。泣くことで感情が乱れて、闘う気持ちが崩れてしまうのが、とても怖かった」と、記している。

無罪が確定して職場復帰をしてからかなりたった頃、村木さんは、嫌なことがあっても落ち込んでいない自分、嬉しいことがあっても大喜びしていない自分に気付いた。拘置所にいる間、感情を抑え込んでいたせいで、感情の揺れ幅が狭く抑え込まれてしまったようだと、彼女は述べている。

ようやく自分本来の感情が戻ってきたと感じはじめたのは、事件から三年近くも過ぎてからだった。ところが、その頃、法制審議会の特別部会で、身柄拘束の過酷さを自らの経験に基づいて話していたところ、急に声が震えだし、涙が出そうになった。

「まだこういうことが起きるのかと驚きました。これが、『身柄拘束』というものだと思います」と村木さんは記し、そのあと、次のように述べている。

長期勾留のトラウマはずっと残る。社会から隔絶されたうえに、接見禁止が続いて、ずっと人と普通に話せない状態に置かれれば、感覚が狂ってしまうだろう。判断力が通常のように働かなくなる恐れは充分にあると思う。長期間拘束されれば、釈放後も長く影響が残るだろう、と。

さらに、村木さんはこう記している。

「『身柄拘束』は、それ自体が『罰』だと思います。裁判官や検察官、学者や国会議員など、制度を考える人たちの多くは、身柄拘束をされたことがないので、なかなか実感が持てないかもしれませんが、私は、なぜ裁判も始まっていないうちから、このような『罰』を受けなければならないのかと思います。『身柄拘束』については、もっとルールを明確にし、厳格に行うべきです」

＊

この本が出版されたのは二〇一三年である。その翌年、村木さんも参加していた法制審議会特別部会で、居住先を明確にする代わりに身柄を拘束せず捜査する制度を創設すべきか否かが議論された。しかし、警察や検察出身の委員から、「証拠隠滅の恐れが高まる」などとお決まりの否定的な意見が相次ぎ、見送られてしまった。裁判官からも、「現在の手続きは適切」という旨の意見が出たという。部会後、村木さんは、「私たちの感覚とずれている」と述べていた。

それから一〇年近く過ぎた今も、身柄拘束という名の「罰」は続いている。

同じ容疑で二度逮捕されたカルロス・ゴーン氏

カルロス・ゴーン事件では、東京地検特捜部が、日産の代表取締役会長だったゴーン氏と、彼の側近で日産代表取締役だったグレッグ・ケリー氏を、同じ事案について同じ容疑で二度逮捕するという、通常ではありえない手口を使った。

ゴーン氏とケリー氏が最初に逮捕されたのは、二〇一八年一一月一九日。容疑は、「ゴーン氏の役員報酬について、二〇一〇～一四年度分の有価証券報告書に虚偽記載があった」とする、金融商品取引法違反だった。

二人は容疑を否認したため二〇日間勾留され、一二月一〇日に起訴された。特捜部は同日、今度は「二〇一五～一七年度の有価証券報告書にも、役員報酬に同様の虚偽記載があった」との容疑で、二人を再逮捕した。まったく同じ事案を、前半と後半の二つに分けて、ゴーン氏とケリー氏を二度にわたり逮捕したのである（この事件は「金商法事件」と呼ばれる。ケリー氏の裁判については第六章で述べる）。

この再逮捕から一〇日の勾留期限となる一二月二〇日を迎えて、検察は、一〇日間の勾留延長を東京地裁に請求した。検察としては、「二人が容疑を否認している以上、勾留延長は当然認められるはず」と考えていただろう。

しかし、東京地裁は、めったにないことであるが、勾留延長請求を却下した。検察は決定を不服として準抗告したが、東京地裁はこれも棄却し、きわめて異例なことに、準抗告の棄却理由を文書にしてマスコミに配布した。そこには、「二つの金商法事件は、事業年度が連続する一連の事案と判断した」旨が書かれていた。

勾留を延長するかどうか判断した裁判官は、いくらなんでも検察のやっていることは姑《こ》息《そく》すぎる、と考えたのではないだろうか。

そもそも、この金商法事件は、カットされた分の報酬がゴーン氏に支払われないまま、最も古いものでは一〇年も経過し（当時）、日産には損害が何も発生していなかった。それを今さら刑事事件にして、大問題だとする合理的理由が見いだせない。

仮に、有価証券報告書の記載に問題があったとしても、その時期を半分に切り、前半について「特別な事由がある」と言って勾留を延長してもらい、後半についても「また特別な事由が生じました」と勾留延長を請求するというのは、誰が見てもおかしい。「同じ事件なのに、どうして特別な事由がそんなにたびたび生じるのか」と考えるのが普通である。

しかも、ゴーン氏は国際的な企業家であり、この事件に世界中が注目していた。勾留延長を蹴った裁判官には、「日本の司法が極端にみっともないことをして、国際水準以下だと思われては困る」という気持ちもあったように思う。

勾留を引き延ばすために三度目の逮捕

ゴーン氏とケリー氏の勾留延長の準抗告が棄却されると、特捜部は、その翌日（一二月二一日）、ゴーン氏を会社法違反（私的な投資で生じた損失の日産への付け替え、サウジアラビアの企業に対する不正支出などがあったとする特別背任）容疑で再々逮捕した。そのため、保釈されたのはケリー氏のみ、という結果となった。検察としては、ゴーン氏の勾留をなんとしてでも引き延ばしたかったのである。

ゴーン氏は、会社法違反容疑についても全面否定したが、今度は勾留延長が認められ、勾留期限を迎えた二〇一九年一月一一日、前述した「有価証券報告書の虚偽記載」と「会社法違反」で追起訴された。彼は、最初の逮捕直後からついていた弁護団を解任。私は二月一三日にゴーン氏の弁護を受任し、新しい弁護団を結成した。

三月六日、ゴーン氏は保釈金一〇億円を払って保釈された。弁護団が提示した保釈条件は、①制限住居の玄関に監視カメラを設置して二四時間録画する、②パソコンでの作業は私の事務所が貸与するパソコン一台だけを事務所内のみで使用する、③携帯電話は弁護人から提供する一台に限り、ネット接続は禁ずる、④昼夜を問わず会った人すべての氏名を面会簿に記録する、⑤海外渡航は禁止しパスポートは弁護人が管理する、⑥三日以上の国内旅行をする場合は事前に裁判所の許可を受けるというもので、①〜④については、監視カメラの映像、使用パソコンのインターネットのログ、携帯電話の通話履歴、面会簿を、定期的に裁判所へ提出する（検察官もそれらを確認できる）必要もあった。

ゴーン氏の自由をかなり制限する条件だったが、それでも検察は保釈に猛反対した。しかし、裁判官には、海外の要人であるゴーン氏の勾留が長引くと国際的規模で批判されかねない、との懸念もあったようで、保釈を認めてくれた。

「口封じ」のために四度目の逮捕

保釈後のゴーン氏は、保釈条件を守りながら、制限住居で妻のキャロルさんと暮らしていた。ところが、四月三日にツイッターで、「四月一一日に記者会見をする」と発表したところ、その翌日、別の会社法違反（オマーンの企業に対し不正支出を行ったとする特別背任）容疑で、またしても特捜部に逮捕された。

この事件は、前述したサウジアラビアの企業に対する不正支出容疑とともに、「会社法事件」と呼ばれる。だが、検察が「不正支出」とした中東企業への送金は、いずれも日産の現地子会社で通例どおりの稟議を経て、金額もチェックしたうえで支払われたものである。仮に、不適切な処理があったとするなら、日産内部で容易に是正できたはずだ。しかも検察は、会社法違反の事案をほとんど調査しておらず、まともな証拠も提出していなかった。

ゴーン氏が記者会見で世界中の人々に向けて自身の事件について語れば、特捜部にとって不都合なことが多かったのだろう。「口封じ」のために、慌てて証拠不十分な案件で四度目の逮捕に踏み切った、としか考えられない。

保釈後も続いた人質司法

二度目の保釈は、前回に比べてスムーズに進み、追起訴から三日後にゴーン氏は東京拘置所を出た（保釈金五億円）。保釈を認めた裁判官は、「四回目の逮捕は検察がかなり無理をしたのではないか」との印象を持っていたようである。

しかし検察は、妻のキャロルさんと息子のアンソニー氏を会社法事件の関係者と位置づけたため、ゴーン氏は前回と同様の条件に加えて、妻と息子との接触も禁じられてしまった。「考えられない人権侵害だ」と、ゴーン氏は烈火のごとく憤《いきどお》った。

愛妻家のゴーン氏は、いつまでたってもキャロルさんと直接会えないことに不満と苛立ちを募らせ、とてもつらそうだった。我々は、ゴーン氏を慰め、励ましながら、何度も接触禁止の解除を裁判所に求めたが、そのたびに検察は猛反対し、それに気圧《けお》された裁判所は接触を禁止し続けた。人質司法は、保釈後も続けられたのである。

ようやく夫妻の面会が許可されたのは、再保釈から約七ヵ月も過ぎた一九年の晩秋。それも、オンライン上での、わずか一時間だけの面会だった。

それから一週間ほどして、我々は再度オンライン面会の許可を裁判所に申請した。すると裁判官は、逆にこう質問してきた。

「なぜ、奥さんにまた会いたいのですか？　何を話したいのですか？」

我々は言葉を失った。海外ではとうてい考えられないことである。

結局、裁判所が次にゴーン夫妻のオンライン面会を許可したのは、その年のクリスマス・イブだった。再保釈後の八ヵ月間で二人が言葉を交わしたのは、この二回だけであった。

ゴーン氏は、再保釈からわずか2回しかキャロル夫人（左）との面会を許可されなかった　（写真提供：ロイター＝共同）

検察の露骨な「裁判引き延ばし作戦」

特捜部は、「会社法事件の裁判が終わらない限り、キャロルとの直接的な接触は絶対に認めない」という立場を変えなかった。そうしてゴーン氏を精神的に追い込み、戦闘意欲を失わせようとしたのだろうが、あまりにも残酷なやり方だったと思う。

東京地裁（下津《しもつ》健司《けんじ》裁判長）は、一九年の晩秋に行われた第七回公判前整理手続で、金商法事件と並行して、遅くとも二〇年九月には会社法事件の審理に入りたいと提案していた。我々も、二つの裁判を並行して進めたい考えだった。

だが、検察は、「会社法事件は、まだ証拠集めの段階なので、金商法事件の裁判が終わってから審理すべきだ」と、この案に猛反対した。人を起訴しておいて、「まだ証拠がないから裁判を始められません」とは、信じがたい話である。

我々は、金商法事件は議論だけでも勝てると確信していた。有価証券報告書の問題は、誰が見ても形式犯であり、実害も発生していないのだ。勝ち目がないと悟った検察は、窮余の一策として特別背任でゴーン氏を逮捕・起訴してから、後付けの証拠集めに奔走したものの、公判を維持できるような証拠は何も得られなかったと思われる。そこで、時間稼ぎのために、会社法事件の裁判を後回しにするよう、強硬に主張したのだろう。私が知る限り、これほど露骨な裁判の引き延ばしは過去にない。

結局、下津裁判長は一九年一二月二五日の第八回公判前整理手続で、前月の提案を撤回してしまった。裁判所が検察の強硬姿勢に屈したのである。

この法廷にはゴーン氏も出廷していた。会社法事件の公判がいつになったら始まるか見当もつかなくなったことを知り、彼は硬い表情になり、黙っていた。そのあと、一緒に車に乗って私の事務所に戻った。結果的に、ゴーン氏と会うのは、この日が最後となった。彼が関西空港から密出国してレバノンへ向かったのは、その四日後のことである。

彼は、日産に裏切られ、身に覚えのない罪で四度も逮捕・起訴され、通算一三〇日という長期にわたり勾留された。保釈後も妻や息子に会うことさえ禁じられ、非人間的生活を強いられた。検察は、裁判が終わるまで妻や息子との再会を許そうとしない。しかし、その裁判はいつ始まるのかさえわからず、絶望して日本を逃れ出た。

ゴーン氏の〝逃亡〟を私が初めて知ったとき、すでに彼はレバノンに入国していた。報道以上のことは何もわからず、事務所前で多数の記者に取り囲まれた私は、「弁護団も寝耳に水の状況で、非常にびっくりしているし、当惑しています」と答えるしかなかった。

検察のやり方に問題があったにせよ、保釈中の逃亡は許すべきことではない。裁判で無罪を勝ち取ることができる見通しが充分あっただけに、彼の国外脱出は弁護団にとってもたいへん残念なことであった。

保釈中に〝逃亡〟したことで、日本におけるゴーン・バッシングは過熱した。しかし、出国に至るまでに彼が日本の司法から受けたアンフェアな仕打ちについて、改めて考えてみようとする人は少なかった。それは、きわめて残念なことだと思うのである。

国連も問題視した弁護人立会権の軽視

二〇二〇年一一月、国連人権理事会の「恣意的拘禁に関する作業部会」は、カルロス・ゴーン事件におけるゴーン氏の長期勾留について意見書を公表し、「四度にわたる逮捕と勾留は根本的にアンフェア」「一連の勾留は、国際法の下では法的根拠がなく、手続きの濫《らん》用《よう》」と結論付けた。日本では大きく報じられなかったが、この意見書には、「適切な救済策として、日本政府はゴーン氏に賠償すべきである」とまで書かれていた。

また、この意見書では、被疑者の取り調べの際に弁護人の立ち会いが認められない、という問題も指摘された。欧米のメディアも、ゴーン氏とケリー氏が逮捕・勾留された当初から、この点を問題視していた。先進諸国のなかで、刑事事件の取り調べに弁護人の立ち会いが認められていないのは、日本くらいのものなのである。

弁護人が取り調べに立ち会えないために、自白が強要され、冤罪が生まれ、人の人生がめちゃくちゃにされる。二〇二三年三月に再審開始が確定した袴田巖《はかまたいわお》さんは、強盗殺人などの容疑で三〇歳のときに逮捕され、四〇代半ばで死刑が確定した。その後、再審請求を繰り返し、八七歳にしてようやく、再審への扉が開いたのである。

弁護人からの助言、その他の援助が最も必要とされるのは、被疑者が捜査機関と直接対峙し、供述を求められる取り調べの場面だ。そこに弁護人を立ち会わせないということは、憲法上保障されている権利（弁護人の援助を受ける権利＝憲法第三四条、同第三七条三項、黙秘権＝同第三八条一項）を不当に制限するものと言わざるを得ない。

刑事訴訟法には、取り調べにおける弁護人立会権を否定する規定は存在しない。むしろ、犯罪捜査規範（警察官が犯罪捜査を行う際に守るべき規範）第一八〇条二項には、「取調べを行うに当たって弁護人その他適当と認められる者を立ち会わせたときは、その供述調書に立会人の署名押印を求めなければならない」と、弁護人の立ち会いを前提とする規定が置かれている。

取り調べにおける弁護人の立会権は我々弁護士にとって大きなテーマであり、日弁連は、その権利を刑事訴訟法に明確に定めることを求める声明を出している。また、村木厚子さんは、この問題について、「検察の在り方検討会議」で次のように語っていた。

「私も取調べを20日間受けて、これは、取調べというのは、リングにアマチュアのボクサーとプロのボクサーが上がって試合をする、レフェリーもいないしセコンドも付いていないというふうな思いがいたしました。いろいろな改革の方法はあるでしょうけれども、せめてセコンドが付いていただけるということだけでも、随分まともな形になるのではないかというふうに思いますので、弁護人の立会いは大変重要だと思います」

手口⑩ 被疑者や参考人に繰り返し事情聴取し、時間的・経済的な負担を与える

村木厚子事件では、検察が被疑者や参考人に対して頻回かつ長時間にわたる取り調べを行い、多数の厚労省関係者から調書を取った。その具体的な手口を以下に記そう。

事実と異なる証言は、なぜ出てくるのか

捜査手法の一つとして、事件関係者の認識や記憶の内容を聞き出し、それらを寄せ集めることによって、過去の事実関係を明らかにしていくことに力点を置いたやり方がある。相手方の供述内容に虚心に耳を傾ける姿勢があれば、効果的な捜査手法と言えるが、初めから一定の供述内容を引き出すことが意図されていれば、出来上がった調書は、真実からかけ離れた不合理なものとなる。

村木事件では、調書を取られた厚労省職員のほとんどが、証人尋問で調書の内容を否定したが、偽の証明書を作った上村氏の前任者は、検察の主張をほぼ裏付ける証言をした。おそらく彼は、検察官から、「上村が勝手に偽証明書を作ったのではなく、前任者のお前の申し送りでやったのだろう」などと、厳しく追及されたのではないかと思う。

繰り返し検察に呼び出され、そうした威圧を受けながら、時間をかけて話を訊かれているうちに、記憶にないことがどんどん調書に書かれるようになっていくことも多い。

そうなった場合、自分の身を守るために、事実と異なる供述調書にサインをしてしまう人もいる。「調書と違うことを法廷で言うと偽証罪になるぞ」などと言われれば、相当の恐怖心を持つだろうから、検察側の主張に沿った証言をせざるを得なくなる。

調書を盾に取ったこういう脅しは、充分に通用するのである。

交通費も宿泊費も自己負担の取り調べ

村木事件の舞台は霞が関の厚労省であり、被疑者や関係者は全員東京周辺にいた。地理的には完全に東京の事件で、大阪とは何の関係もなかったが、たまたま大阪地検が取り上げたということで、村木さんら四人の被疑者は大阪拘置所に身柄を拘束され、裁判も大阪で行われた。私は東京地裁に移送するよう申請したが、申請は通らなかった。

この事件で明らかになった取り調べの問題として、多数の厚労省関係者を、参考人としてではなく、被疑者として取り調べたことがある。

「村木が末端の係長である上村に直接指示し、上村が人目を避けて早朝に偽の証明書を作成して村木に渡した」という検察ストーリーにおいては、その他の職員に刑事責任があるとする根拠はなかった。ところが検察官は、すべての厚労省職員を「被疑者」として、何度も大阪地検に呼びつけて取り調べた。そして、検察官作成の供述調書にサインを渋る職員に対しては、逮捕を示唆して威圧した。

村木さんの部下だった北村定義氏も、大阪地検で被疑者として取り調べを受け、合計九通の供述調書を取られた。北村氏は、林谷浩二検事と髙橋和男副検事から最初の取り調べを受けた際の状況について、「脅迫を受けたわけではないが、非常にプレッシャーを受けたことはあった」旨を法廷で証言した。具体的には、

「私が知らないと答えているからだと思いますけども、1泊でも2泊でもしていくかとか、特捜をなめるんじゃないみたいな話もあった」ということであった。

そのため、取り調べの途中で休憩を取ったときには、

「そのあとに逮捕すると言われるんではないかとか、ちょっといろんなことを大変なプレッシャーとして感じながら話しておりました」という状態になり、そうした末に、

「最初の調書が出来上がったということは間違いないと思います」と述べた。

林谷検事らが言った「一泊でも二泊でもしていくか」という言葉には、「検察の言うとおりにしないと逮捕するぞ」という脅しの意味が含まれている。北村氏は、初回の取り調べから逮捕を仄めかされ、「特捜をなめるな」と圧力をかけられ、大変なプレッシャーを感じながら供述していたのである。

こうした精神的負担に加えて、北村氏は、特捜部の調べのときには大阪地検まで来いと呼び出しを受け、そのたびに有給休暇を取り、東京—大阪間の往復切符を買い、宿を予約して大阪地検へ行かなければならなかった。旅費と宿泊費をすべて自分で工面《くめん》しなければならず、大きな負担になっていたことも証言した。

何回も何回も東京―大阪間を往復させられたら、旅費や宿泊費は何十万円とかかってしまう。普通の公務員は、たまったものではない。

このように時間的・経済的に際限のない負担を強いられたうえに、検察官から訊かれるのは、五年以上も前の、ほとんど印象にも残っていない事柄である。自身のとったとされる言動はたいした話でもないのに、検察官からいわれのない威圧を受ければ、誰でも「もう勘弁してくれ」と思ってしまう。

村木事件では、多数の厚労省職員が、検察官の作り上げた調書にサインしてしまった。その裏には、事件に直接関与していない人まで何度も大阪に呼びつけ、時間的・経済的負担を与えて観念させる、という手口が使われていたのだった。

参考人聴取に仕組まれた罠

参考人として出頭を求めるとき、検察官は、「ちょっとお話を聞くだけで、お手間は取らせませんから」などと、最初はやさしい言い方をする。

多くの人は、「検察に逆らうこともないだろう」と思い、つい行ってしまう。せいぜい一回か二回行って、自分の知っていることを喋れば、それで終わりだと思っている。

しかし、現実は違う。調書へのサインを拒めば、「じゃあ、また来てもらいましょうか」

などと言われる。言うとおりにしないと何回でも来てもらうことになるぞ、という意味だ。

参考人の場合でも、取り調べにかかる交通費や宿泊費は、自腹を切ることになる。そうしたこともあり、自分にとってどうでもいいような話だったら、「ここで検事とやり合ってもしょうがない。調書にサインしておしまいにしてしまおう」という気になってしまう。

また、世間には刑事手続きに対する信頼感のようなものがあるので、事件に関係する会社や役所は、「検察の捜査に全面的に協力します」というスタンスを取る。そこに属している社員や職員からすると、組織が協力すると言っているのに、「私は事情聴取に行きません」と拒み通すのは、かなり大変だ。事情聴取に応じても、それは仕事ではないから、検察へ行くための旅費や宿泊費を組織が出してくれることは、まず無いと言っていいだろう。

そのような状況で、「サインしないなら、明日また来てもらおうか」と言われ、その次の日もサインを拒否すると、「また明日来い」と言われる。その繰り返しになれば、ほとんどの人は、「いい加減におしまいにしてもらわないと仕事にならない」という気持ちになり、事実と異なる調書にサインしてしまうことになる。

もちろん、参考人の場合は任意出頭なので、取り調べの呼び出しに応じるか否かは本人の自由だ。出頭を求められても「仕事が忙しいので行きません」などと言って拒否できる。だが、それで検察に行かなくてすむかどうかはわからない。何か別件で逮捕される可能性も皆無とは言えないからだ。

取り調べで事実と違うことを言わされる不安がある場合、参考人聴取に条件をつけるのは自由なので、「聴取には応じるが、弁護士に立ち会ってもらいたい」と言うこともできる。だが、検察官がそうした条件を呑むことはない。この場合、「それなら行きません」と断ればいい。相手は、参考人の身柄を拘束することも、出頭を無理強いすることもできないので、「では別の機会にしましょう」と言うだろう。

しかし、ここにも問題があって、「そんなことを言うのなら、お前も怪しいからガサ（家宅捜索）をかけるぞ」とか、「逮捕もあり得ますよ」などと、あの手この手で圧力をかけてくる。

そういった場合、ボイスレコーダーをこっそり忍ばせて検察に行くことは、自己防衛としてそれなりの意味があると言える。もっとも、「それがうまくできれば」の話である。

取り調べの内容を録音してはいけないという理屈はないが、もちろん検察は録音させないようにしている。今はセキュリティーの問題もあり、裁判所に入るときにはボディチェックをされる。検察の取り調べでも所持品検査をされるので、こっそりボイスレコーダーを持ち込もうとしても、たいていの場合は見つけられてしまう。相手は、「そんなものは持ち込めません」と言うにきまっている。

検察官は、黙秘権を行使されないように告知する

被疑者に対する聴取には、任意の聴取と、身柄を取られての聴取がある。

身柄を取られていない（逮捕・勾留されていない）被疑者は、参考人と同様、取り調べに応じるか否かは自由である。身柄を取られている被疑者の場合、検察官や警察官は、取り調べに応じることまでは強制できる。極端なことを言えば、検察官が嫌がる被疑者を拘置所の房から引きずり出して、取調室に連れてくることもできるわけである。

身柄を取られているか否かにかかわらず、被疑者には黙秘権がある。検察官や警察官は、「○○の事件について、あなたは被疑者として取り調べを受けます。言いたくないことは言わなくても構いません」と、黙秘権を告知しなければならない。

ただ、黙秘権をまともに行使されては困るので、黙秘権とはどういうもので、それはどういう意味があるか、などと詳しく説明するわけではない。つまり、黙秘権を行使されないように、黙秘権を告知するわけである。検察に呼びつけられた人は頭が混乱しているし、身柄を取られる前の段階では弁護人もついていないことが多いので、「言いたくなければ言わなくていい」と言われても、どうしていいかよくわからないだろう。

村木さんの場合、黙秘はせず、「こんなことを私は言っていません」と言い続けた。黙秘

権を行使するのは結構大変で、取調室で検事と何も会話がないまま、非常に気まずい雰囲気が長時間続く。それよりは、「私が言ったことと違います」などと話をしてサインを拒否するほうが、まだ楽な面はある。

しかし、ここにも罠がある。出来上がってきた調書には五〇ページくらいのものもあり、検察官は、それを一気に被疑者に読ませて、「違っているところがあれば、どこか言ってみろ」と迫る。調書には、被疑者が言った言葉がちりばめられている。それを一気に読まされて、「お前の言ったことと、どこが違うんだ」と言われても、たいていの人は、どこをどう指摘していいかわからない。

それでも抵抗すると、どうでもいい些細な点のみ訂正し、調書の末尾に「ここをこのように改めて下さい。他は結構です」ということを付け加えておしまいにする。あるいは、「調書というのはこういうものなんだ」とはねつけたり、「サインしないと、いつまでたっても出られないぞ」と脅したりする。ほとんどの人は耐えられなくなり、一時的にではあれ、「もうどうでもいい」という気持ちになってサインしてしまう。

なお、検事は必ずしも最初から自白にこだわるわけではなく、第三者から崩していくことが圧倒的に多い。本人は後回しにして、周囲を固めてしまうわけだ。

そのため、事件によっては、起訴された時点で諦めて、「じつは私がやりました。検察側の証拠も全部認めますから勘弁してください」といった内容の上申書を出して、保釈してもらうケースもある。人質司法への恐怖心が、そうさせてしまうのであろう。

ただし、この場合、本人は罪をすべて認めているわけだから、裁判では相当不利になる。苦しさに耐えかねてウソの自白をしてしまうと、あとでツケが回ってくるのである。弁護人は、「今は苦しくても、なんとか我慢してください」と励ますしかない。

【十数回の取り調べも当たり前――河井克行夫妻選挙違反事件】

二〇二〇年、河井《かわい》克行《かつゆき》・案里《あんり》夫妻が、公職選挙法違反で東京地検特捜部に逮捕・起訴された。二人の容疑は、一九年夏の参院選広島選挙区で案里氏を当選させるために、広島の県会議員や後援会関係者ら約一〇〇人に総額約二九〇〇万円の現金を配って買収した、というものであった。案里氏はこの選挙で当選したが、二一年二月に執行猶予付きの有罪判決が確定し、五年間の公民権停止が命じられて議員を失職。克行氏は、同年春に議員辞職したのち、一〇月に懲役三年、追徴金一三〇万円の実刑判決が確定した。

私は河井夫妻の弁護はしていないが、克行氏から現金を受け取ったとして起訴された広島県議十数名のうちの一人、渡辺典子《わたなべのりこ》県議の弁護をしている。

克行氏は、広島三区選出の国会議員だった頃、地元の県会議員たちに、第三選挙区支部からの政治活動費として、例年、盆暮れに各一〇万円の寄付金を払っていた。ただ、起訴された県議たちの多くは、このときには、その一〇万円のほかに数十万〜一〇〇万円ほどの現金を受領したり、盆暮れはもらっていないが何かの名目で現金を受領したりしていた。

しかし、渡辺氏が受領していたのは盆暮れの各一〇万円（年に二〇万円）の寄付金だけであり、プラスアルファのお金はもらっていない。また、盆暮れに受領した寄付金は政治資金収支報告書に毎年記載していた。

本件で問題にされているのは、一九年五月末頃に渡辺氏が克行氏から受領した一〇万円である。二〇二三年三月一六日に広島地裁で行われた渡辺氏の初公判で、検察側は、この一〇万円について、参院選での案里氏への投票取りまとめなどに対する報酬だと主張したが、我々は、例年どおりに受け取った違法性のない寄付金であり、受領が案里氏の選挙の時期と重なったため、選挙運動などの報酬とこじつけられたと主張した。渡辺氏は、検察に三回も自宅を家宅捜索され、関係資料を押収されながらも、政治資金収支報告書にも記載しており、一〇万円を受け取ったことを隠す意図は毛頭なかった。

なお、渡辺氏は検察官から、「この家で（証拠が）出てこないときは家族の家にも入らないといけないな」「このままだと本当のことを言っても言わなくても（賄賂を）もらった人なんだよ」などと言われたという。

ところで、この事件では、一〇〇人からなる河井夫妻の支援者や地方議員が、合計一〇〇〇通を超える供述調書を取られている。一人につき平均一〇通の調書を取られているとすれば、一人当たり一〇回以上は取り調べを受けているはずである。取り調べというのは、検察まで呼びつける場合もあれば、検察官が出向く場合もある。本件は東京地検特捜部の事件だから、本件の関係者のなかには東京まで呼びつけられた人もいたかもしれない。

単に事情を訊かれるだけの第三者が検察から頻繁に呼び出しを受けたら、家庭生活や仕事に支障が出てくる。地方から東京まで出向くとなれば、なおさらである。そもそも、繰り返し取り調べを受けるのは気が重い。普通なら三回ほどで嫌になり、五回、一〇回になれば心が折れて、「検事さんの言うとおりにします」となってしまうだろう。

手口⑪ 家族や部下を「人質」にして揺さぶりをかける

人質司法は本人だけの問題ではない。家族や部下が、まさに「人質」に取られてしまうこともある。被疑者・被告人にとって大切な人、近い人ほど、ひどい目に遭う。以下の事例を見れば、人質司法というのは本人に圧力をかけるだけでなく、周囲の人まで巻き込んで本人を追い込む、ということがよくわかるだろう。

特捜部長でさえ動揺した「妻への事情聴取」

村木厚子事件における証拠改竄事件で、最高検に犯人隠避容疑で逮捕された大阪地検特捜部長の大坪弘道氏（証拠を改竄した前田恒彦主任検事の上司）は、取り調べの最中に一度だけ激しい怒気を発したことを、獄中記『勾留百二十日』（文藝春秋）で明かしている。

それは、検察官が大坪氏の妻への事情聴取を仄めかしたときだった。大坪氏は、

「何だと！　やるならやってみろ。もし妻に指一本でも触ってみろ。ただではおかないぞ！　私が知っている全ての秘密をバラして検察をガタガタにしてやる」

と、大声で怒鳴った。この脅しが効いたのかどうか、結果的に大坪氏の妻が最高検に呼び出されることはなかった。

配偶者や子供が事情聴取されたり、逮捕されたりすれば、誰でも激しく動揺し、自分の事件を争うことが困難になってしまう。相手は、それを狙っているのである。

保育園への「お迎え」を許さなかった検察官

小沢一郎氏の「陸山会《りくざんかい》事件」では、小沢氏の元秘書である石川知裕《いしかわともひろ》衆院議員の女性秘書

が「人質」にされた。

石川氏は、小沢氏の秘書だったとき陸山会の会計実務を任されていたことから、陸山会の秘書寮建設用地の購入費用や、土地の取得時期をめぐる政治資金規正法違反容疑で、二〇一〇年に他の元秘書二人とともに東京地検特捜部に逮捕・起訴され、関係書類などを押収されていた。特捜部の検事は、「押収品を返却するので取りに来てほしい」と言って、石川氏の秘書を呼び出した。彼女は、それならすぐに終わると思い、東京地検に出向いた。

ところが、「押収品の返却」は彼女をおびき出すための罠だった。特捜部は、彼女を取調室に押し込んで、約一〇時間、事実上身柄を拘束して取り調べを行ったのである。

この女性秘書は、「陸山会事件」とは何の関係もなかった。押収品を受け取るだけだと思って出向いたのに、夜になっても取り調べは終わらない。考えもしなかったことである。

彼女には、五歳と三歳の子供がいた。

「保育園に子供を迎えに行かなければなりません。行かせてください」

と彼女が必死に頼んでも、民野《たみの》健治《けんじ》担当検察官は聞き入れなかった。

「それなら、せめて夫に連絡させてください」

と懇願しても、電話一本かけることすら許さず、パニック状態になった彼女に対して、

「そんなに人生、甘くないでしょ」

と言い放ったうえ、

「電話をかけたければ、早く認めろよ」

と、虚偽の供述をするように迫ったという。

民野検事にとっては、この女性秘書が「人質」だったのだろうが、彼女からすれば、二人の子供を「人質」に取られたも同然である。保育園で「お迎え」を待ち続けていた子供たちは、どれほど心細かったことだろう。

このように卑劣な手口を使うとは信じがたいと読者は思うだろうが、人質司法によるこうした不当な取り調べは、残念ながら、数えきれないほど行われている。もともと特捜事件は物証が薄く、供述に頼らざるを得ないことが多いので、ターゲットにした人物のみならず、その家族や仕事関係者、政治家であれば秘書や支持者などを厳しく取り調べ、事件を「作り上げていく」ことになるのだ。小沢事件の証人尋問で、我々はこの女性秘書に取り調べの様子を詳しく話してもらった。

なお、序章で述べたように、この事件は「小沢一郎潰し」のための国策捜査であった。小沢氏は控訴審で「完全無罪」となった。その判決のなかで、小川正持《しょうじ》裁判長は、石川氏ら元秘書三人の無罪をも示唆していた。石川氏らは、小沢氏より先に、別の裁判官のもとで有罪判決を受け、控訴審中であった。しかし結局、三人は控訴審でも有罪判決を受け、その後、有罪が確定した。

元秘書を死に追いやられた鈴木宗男氏

政治家が標的にされた場合、秘書も逮捕されるのが通例である。

鈴木宗男事件では、東京地検特捜部が、がんの治療中だった元秘書を逮捕し、猛暑のなか、冷房もない独房に勾留するという非人道的な手口で、鈴木氏に揺さぶりをかけた。

逮捕された佐藤玲子《さとうれいこ》さん（当時六六歳）は、二〇〇二年三月まで鈴木氏の事務所で政治資金の会計責任者を務めていた。彼女は一九九五年に乳がんの手術を受けていた。その後、がんは子宮に転移し、闘病のために鈴木氏の事務所を退職。逮捕の二ヵ月前に手術で子宮を全摘出し、逮捕当時は、他の臓器にがんが転移しないよう放射線治療中だった。

このように大変な状況にあった佐藤さんを、特捜部は政治資金収支報告書虚偽記載の容疑で逮捕し、「鈴木先生からの指示は受けていない」と否認したため、鈴木氏と同じ東京拘置所の独房に勾留したのである。

佐藤さんが逮捕されたのは七月下旬だ。その年の夏は記録的な猛暑だった。拘置所の房には冷房がなく、コンクリートの打ち放しの構造なので、熱の逃げ場もない。鈴木氏の言葉を借りれば「日中は燻蒸室《くんじょうしつ》で燻されている」ような状況下に佐藤さんは勾留され、連日、取り調べを受けた。大手術を受けてから二ヵ月しかたっておらず、しかも放射線治療中で逃げも隠れもできないのだから、身柄を拘束する必要などまったくなかったはずである。

検察官は、鈴木氏に対して、「あなたが罪を認めなければ、佐藤を拘置所から出さない」と言った。「人道的に扱ってくれ!」と懇願しても、まったく取り合わなかった。

検察はここまでやるのか——。怒りに震えた鈴木氏は、弁護士を通じて、「私が有罪になってもいい。嘘の内容でも検察の言うとおりの供述調書にサインし、とにかく早くここから出してもらい、病院へ行きなさい。命の問題だ」と、佐藤さんに伝えた。

佐藤さんは、これに従って調書にサインし、鈴木氏と接触しないことを条件に保釈された。彼女は、一審公判で供述内容を覆《くつがえ》す証言をしたが、裁判では法廷証言より調書の信用性が高いとされてしまった。

逮捕翌年の九月、佐藤さんは、がんが転移して亡くなった。

接見禁止がついていた鈴木氏が元秘書と再会できたのは、お墓の前であった。

精神疾患で入院中の元秘書への「拷問」

秋元司IR汚職事件で秋元氏が逮捕・起訴された容疑は、中国企業の「500社」から「現金三〇〇万円の陣中見舞い」「講演料二〇〇万円」「深圳《しんせん》・マカオへの視察旅費など一八五万円」「北海道留寿都《るすつ》村への視察旅費など七六万円」を、ＩＲ事業参入への便宜供与すなわち賄賂として受け取った、というものである。

三〇〇万円の陣中見舞いについて、一審判決が客観的証拠を無視して「授受があった」と判断したことは、すでに第二章で述べた。他の三つの事案については、秋元氏の講演や視察などをすべて取り仕切っていた当時の秘書・豊嶋晃弘《としまあきひろ》氏から、秋元氏に対して「事前に報告があったかどうか」が、一審の争点となった。

検察が豊嶋氏から取った供述調書は、「秋元先生に事前に報告しました」という内容だった。豊嶋氏は、法廷で調書の内容を否定する証言をしたが、一審では証言より調書の信用性が高いとされ、豊嶋氏自身も懲役二年、執行猶予四年の有罪判決を受けることとなった。

しかし、豊嶋氏の供述調書の取り方には非常に大きな問題があった。東京地検特捜部は、豊嶋氏が双極性障害という精神疾患で入院中だったにもかかわらず、病室で強引に取り調べを行ったのである。

もともと豊嶋氏は精神に不調をきたして入院していた。ようやく退院した頃にこの事件が起こり、検察の取り調べを受けたところ、症状が悪化して強制入院となったのである。豊嶋氏には、抑鬱、不安、焦燥感などの重篤《じゅうとく》な症状があった。院外への外出は禁止され、個室の病室には観察モニターが設置された。このような状態で、逃亡や証拠隠滅をするなど不可能である。

ところが、特捜部は豊嶋氏の病室にやってきて、医師や医療関係者を追い出し、観察モニターを切断して密室状態にし、約一ヵ月半、さんざん取り調べを繰り返して調書を取った。豊嶋氏にとっては拷問に等しい約一ヵ月半だったであろう。

取り調べの際、医師は豊嶋氏に対して「具合が悪くなったらいつでも連絡してください」と言ったようだが、密室の中で検察官と検察事務官に取り囲まれている状況では、連絡のしようもなかったはずだ。重篤な症状で抵抗力も衰えていたから、なおさらである。

手口⑫ 弁護人、支援者、事件関係者を切り離して、有効な抗弁を封じる

村木厚子さんが取り調べを受けていた際、國井弘樹検事から、否認を続けたまま裁判になれば「支援する会」のメンバーも巻き込むことになる、と言われたことは前章で述べた。これは、否認を続けると厄介なことになるという脅しであるとともに、村木さんを支援者から遠ざけようとする意図もあったと思われる。

それだけでなく、國井検事は村木さんに対して、「弁護士のなかには、無罪を安請け合いしたり、だます人もいる」とも言っていた（村木さんの被疑者ノート 二〇〇九年六月三〇日よ

り)。村木さんと弁護団とを切り離そうとしていたと思われる。

支援者や弁護人との関係を検察官が壊そうとするのは、被疑者を孤立させ、有効な抗弁を封じるための手口である。ほかにも、事件関係者と弁護人との繋がりを断つようなことをして、事件関係者に恐怖感や絶望感を与えたうえで取り調べ、検察ストーリーに沿った調書や証言を無理やりに取る、という手口が使われることもある。

鈴木宗男事件では、一審弁護団が特捜部の恫喝《どうかつ》に腰砕けとなったことで、事件関係者との信頼関係が壊れ、検察の意のままに調書を取られてしまうということがあった。

一審弁護団のN弁護士は、国会で鈴木氏の逮捕許諾の議事が上がった際、贈賄側とされた「やまりん」関係者のもとに足を運び、彼らからの聞き取りをもとに、鈴木氏を逮捕しないよう求める上申書を国会に提出した。ところが、東京地検特捜部から「贈賄側と収賄側の両方を弁護することは問題だ。お前のやったことは捜査妨害だ。事務所にガサ入れをかけるぞ」と恫喝されて、N弁護士は怯《ひる》んでしまった。

結果的にN弁護士は、「今後は検察の捜査を妨害しません」という上申書を提出してしまい、以後、「やまりん」関係者のもとに行かなくなり、連絡もしなくなった。「鈴木先生のために事実を話そう」と決意していた関係者は、手の平を返したようなN弁護士の対応に強い不信感を抱いた。そのため、真実を話そうという気持ちが萎え、事情聴取で検察の言うままに供述調書を作られてしまった。

控訴審から受任した我々は何度も北海道に行き、「やまりん」関係者からいろいろと話を聞いた。その結果、彼らが一審で証言したことはすべて事実と違うことも判明した。

鈴木氏が一審で有罪になったのは、弁護団の一部が検察の脅しに屈し、「やまりん」関係者との信頼関係が断ち切られてしまったことが大きい。これは非常に残念なことであった。

また、安部英医師薬害エイズ事件では、特捜検事が「弘中を解任しろ」と安部氏に迫った。しかし安部氏は、弁護団との関係を壊そうとする検察の圧力をはねのけた。武藤春光《むとうしゅんこう》弁護団長は、特捜部に対して、「安部氏は弘中を交代させる考えはない。安部氏と弁護団とを分離させるようなことはやめていただきたい」と抗議した。

手口⑬ 被疑者や参考人に虚偽の情報を与えて誘導する

架空の証拠でつくられた「記憶」

人間は、日常のありふれた事柄については、生の記憶がなくとも、何らかの前提事実を提示されると、「おそらくこのようにしたはずだ」という形で、いわば記憶をつくってしまうことがある。検察官は、それを利用して、被疑者や参考人に偽情報を与えて「記憶」をつくらせ、検察ストーリーに必要な調書にサインさせる、という手口を使うこともある。

村木厚子事件で、村木さんに偽証明書の発行を指示したとされた塩田部長は、「石井一議員から『凛の会』に公的証明書を発行するよう便宜を図ってほしいと電話で依頼されたので、村木課長にそのことを伝えた。村木課長は私に、『心得ています。うまく処理するよう努めます』と答えた」という内容の供述調書にサインした。

しかし、塩田氏は法廷で、調書の内容について「記憶にある出来事ではありません」と証言した。では、なぜ調書にサインをしたのか。塩田氏は次のような主旨の証言をした。

「事情聴取の際に、私と石井先生との間に、4分何秒間にわたる交信記録があると言われました。──中略──私の仕事ぶりからして、石井先生と電話をするとすると、本件以外、論理的にあり得ないものですから。──中略──交信記録があるという前提でお話を、論理的に頭で考えた記憶なので」

「私は国会対策を専らやってましたし、──中略──石井先生と私自身は親しいと思ってましたし、で、僕が電話で聞いたんだなと思うようになったということです」

「要するに、普通の案件として頼むよねという、いろんな国会の先生の案件の一つとして流したと、──中略──その程度の話だなと、そういうかかわり方を僕がしたんだなと思ったわけです」

何か重大な問題に関わっているのであれば、塩田氏も事情聴取の際に相当慎重に対応しただろうが、検察はそこをうまく隠してしまう。「石井議員から電話を受けて、その話を村木さんに繋いだことがあったんじゃないですか」などと訊かれれば、塩田氏にとって日常的な仕事として充分ありそうなことだから、「そういうこともあったかもしれない」と思ってしまう。まさか、それが虚偽有印公文書作成・同行使と結び付くとは思いもしない。

しかも、「あなたが石井議員から電話を受けて四分以上話した交信記録がある」と言われれば、それを前提にして頭を整理することになるのは避けがたい。記憶が曖昧であっても、「それなら確かに電話で話したのだろう」と思い込んでしまう。そして、通常の自分の仕事ぶりから考えて、まっとうな障害者団体についてのしかるべき対応、つまり「普通の案件として頼むよ」と言われたありふれた話として、記憶をつくって供述してしまう。検察官は、そうした言葉から都合のいい部分だけを使って、調書を作っていくのである。

ところが、裁判が始まってから、塩田氏は愕然とした。供述の前提が崩れたのだ。

証人尋問の前には、検察側・弁護側ともに、証人と何回か打ち合わせをする。塩田氏としては交信記録のことが当然気になるので、白井《しらい》智之《ともゆき》公判担当検事との打ち合わせの際、「間違いなく交信記録はあるのですね」と、念を押した。すると、白井検事は、「そういうものはありません」と答えた。おそらく、塩田氏に虚偽情報を与えて供述調書を取った林谷浩二検事は、白井検事に引き継ぐ際、「ウソの情報を与えて自白させた」という申し送りをしておらず、白井検事は供述の経緯を知らなかったのだと思う。

自分の「記憶」がつくられたものであったことに気付いた塩田氏は、

「電話はしていないと思います。交信記録があるという前提でお話しをしていたのに、交信記録がないと聞きましたので」と、法廷で供述内容を翻し、

「そもそもこの話自身が壮大な虚構」

とまで述べたのである。

塩田氏はそれなりに気骨のある人だったから、法廷で供述内容を翻すことができたが、たいていの人は、検察官に押さえ付けられてしまう。たちの悪い検事なら、尋問前の打ち合わせのとき、「調書通りに証言しないと偽証罪で起訴するぞ。偽証罪は最長で懲役一〇年の重罪だ」などと塩田氏を脅していたかもしれない。そういう意味では、白井検事は検察官のなかでも比較的良質であったと思う。

存在しない関係者の供述で誘導

偽情報としては、交信記録のような客観的証拠だけではなく、じつは存在していない関係者の供述もよく使われる。たとえば村木事件の公判で、上村氏は、取り調べで追い詰め

られていったときの心境を、次のように法廷で証言した。

「塩田部長も村木さんに指示してるよとか、石井一も2月の25日に厚生労働省に電話をしてるんだよとか、そういう情報を与えられると、そうだったのかなというふうに、だんだんだんだん外堀を埋められるように誘導されていくんですよ」

さらには、多数決論理や真実糾明という珍妙な形での説得まで行われていたことも明らかになった。上村証言によると、國井検事は、

「上村さんはあんまり覚えてないことが多いから、そういうことは周りの人の意見を聞いて総合的に判断するのが妥当」「多数決みたくやってかないと真実は見えてこない」「真実の糾明に力を貸さないあなたは無責任だ」などと、冷静に考えれば無茶苦茶な論理を用いてまで、検察官ストーリーを認めるよう上村氏に迫っていたのである。

塩田氏も、弁護人からの尋問で、林谷検事から「村木は倉沢と四回も会っているんだぞ。それは確かなんだ」ということを何度も言われたと証言した。

それを聞いてどう思いましたかと質問すると、彼はこう答えた。

「4回も会って、いろいろ彼女は対応してたんだなと思いました。行政官のプロ同士の会話ですから」

「行政官のプロ同士の会話」とは、行政官たる検察官と、取り調べを受けている行政官で

ある塩田氏との会話、という意味である。端的に言えば、同じ行政官同士だから、まさか、ウソを言うとか騙すなどということはあるはずがない、ということである。

村木さんも、私が被告人尋問をした際に、「検察官に対する信頼感や、同じ公務員としての仲間意識がありました。検察官がウソをつくとか、罠にはめるとかいうことは、初めはあまり想像しませんでした」という主旨の話をした。

検察官に対する信頼というのは一般にもある。ことに村木事件は、関係者の多くが厚労省職員なので、同じ国家公務員同士ということで、検察官に対する基本的信頼を、法廷外でも口にする人が多かった。そこを検察に逆に利用されてしまった、とも言えるだろう。

「記憶」を捏造するテクニック

検察による「記憶の捏造」は他にもある。よくあるのは「切り違え」と呼ばれる手口だ。

AとBの被疑者がいて、二人とも否認している場合に、Aに対して「Bはもう認めたぞ」と言い、Bに対しては「Aはもう認めたぞ」と言って、両方から「わかりました。私も認めます」という供述を取ってしまう、というものである。

参考人を取り調べる場合も同様で、Cに対しては「Dさんはこう言っている」と告げ、Dには「Cさんがこう言っている」と告げる。こうして双方に「自分の記憶違いかもしれない」と思わせて、CとDの両方から検察ストーリーに沿う調書を取ってしまう。

「切り違え」は、検察官の言っていることが事実なら、やってはいけないという理屈はない。取り調べの段階では、法廷のように誘導尋問がいけないという決まりはないからだ。

また、「○月○日に、お前の会社にこういう業者が来たのだが、憶えているか」などと訊かれて、「憶えていません」と答えると、「いや、業者は行ったと言っているし、××係長も来たと話している。それは確かだ。どうなんだ」と、さらに訊いてくることもある。

それが絶対にあり得ない話なら抵抗するかもしれないが、そうでなければ、「二人がそう言うのなら、そうなのかもしれない」と思ってしまい、「業者は来たかもしれません」と答える。ところが、出来上がってくる調書は、「業者が来ました」になっている。

「来たとは言っていません」と抗議しても、「来たかもしれないと、来たと、どこが違うんだ」と検事から強い調子で言われたら、これ以上抵抗してもしかたがないという諦めが先に立ち、「じゃあ、いいです。それで」と、調書にサインしてしまう。サインをすれば、自分がそう供述したと認めたことになる。

この場合、サインをした直後に、「私の言ったことと違うことが調書にされ、無理やりサインさせられた」と抗議することである。さらに有効な対処法は、そのことを文書にして弁護人に送り証拠化してもらうことだ。そうすれば、弁護人は公判で、その調書の証拠としての信用性はないと主張することが可能になる。

第四章　マスコミ情報操作で「犯罪者」を作り出す

警察や検察は、大きい事件であればあるほどマスメディアを意図的に利用する傾向がある。とりわけ特捜部は、マスコミへの情報漏れを非常に嫌う反面、意図的な情報リークには熱心である。自分たちにとって不都合な情報は隠し、世論を味方に付けるために有効な情報のみを、マスコミに対して盛んにリークする。

検察官は公益の代表者なのだから、検察にとって不利な情報、つまり被告人にとって非常に重要ないい情報があったら、積極的にそれを開示しなければおかしいと思う。そうでなければ、捜索・押収権、逮捕権、起訴権という絶大な権限を与えられている意味がない。

しかし、意図的な情報リークは特捜部の常套手段になっている。

たとえば、小沢一郎事件や鈴木宗男事件の場合、特捜検察がマスコミに情報をリークし、小沢氏や鈴木氏が悪徳政治家であるかのような世論を形成し、それをテコにして強引な捜査を進めた。近年では、カルロス・ゴーン事件なども同様である。

また、メディアも特捜部を不要にもてはやす傾向がある。たとえば、テレビのワイドショーには「元東京地検特捜部検事」などという肩書のコメンテーターが、しばしば登場する。「特捜部」「検察官」の肩書をメディアが過信し、「検察庁のエリート集団」「日本最強の捜査機関」などといった「特捜神話」が世の中に拡散すれば、結果として、事件を見る国民の目を曇らせてしまう。犯罪の事実がなくても、立件されて一つの絵を描かれ、それが大々的に報じられれば、多くの国民は「事件」として信じ込んでしまう。

手口⑭ マスコミへの意図的な情報リークで被疑者に「犯罪者」のイメージを植え付ける

特捜検察の見立てに沿う報道は、なぜ生まれるのか

村木厚子事件では、二〇〇九年六月一四日に村木さんが逮捕される前から、特捜部の見立てに沿う記事が連日のように新聞に掲載された。

たとえば、「凛の会」の倉沢氏が村木さんから偽の証明書を受け取ったとするストーリーについて、「『厚労省現局長から証明書』元会長供述　本人は関与を否定」（二〇〇九年五月二七日　読売新聞夕刊）、「凛の会代表『厚労省幹部から証明書』　地検が任意聴取へ」（〇九年五月二八日　毎日新聞朝刊）などと報じられた。

当時、村木さんは厚労省雇用均等・児童家庭局長であり、子供を持つ従業員のための短時間勤務制度の義務付けや、父親が育児休業をとりやすくするための育児・介護休業法改正などに取り組んでいた。人望もある村木さんは、「女性キャリアの星」として知られた存在で、遠からず事務次官になるだろうと目されていた。それだけに、メディアの関心は、すでに逮捕されていた「凛の会」関係者や上村係長ではなく、村木さんに集中した。

厚労省局長を逮捕
証明書偽造の疑い
部下に発行催促か
当人は否認
郵便不正
パレスチナ非武装
2国家共存

検察の意図的な情報リークによって、村木さんは郵便不正事件の主犯のように報じられた
（2009年6月15日、朝日新聞夕刊）

村木さんは、記者たちに追いかけまわされ、職場にいることもできなくなった。のちに彼女は、著書『私は負けない』（第三章で紹介）に、こう記している。

「無罪が確定して職場に復帰した当初は、マスコミに追いかけられた場所の近くを通ると一年以上たっているのに心臓がドキドキしました。当時、立ち入り禁止区域にまで入り込んで待ち伏せをされ、慌てて走って逃げた場所です。その時に、心臓がドキドキし、息ができず、手足がガタガタと震えたことを思い出してしまうのです」

村木さんが逮捕されると、新聞各紙は、「局長逮捕　厚労省は動揺　『将来の次官候補』なぜ　不正生んだ『上意下達』」（読売新聞）、「厚労省　村木局長逮捕　女性キャリアの星なぜ　無責任体質　巨額損失生む」（産経新聞）、「敏腕キャリアなぜ　村木容疑者　障害者問題に強い関心」（朝日新聞）などと、スキャンダラスに報じた。

もちろん、記者たちも、検察の見立てに何の疑問も持たなかったわけではないだろう。たとえば、「上村は偽の証明書を発行するために、虚偽の稟議書を作った」とされていたが、上司である村木さんから指示があったのだとすれば、何も偽の稟議書を作る必要はない。堂々と正式の稟議書を上げればすむ話である。

この疑問を特捜検事にぶつけた記者もいたというが、巧みにかわされてしまったらしい。記者側には、「特捜部のことだから、何か決定的な証拠を握っているはず」という妙な信頼感があり、結果的に、疑問を置き去りにして報道を続けてしまったようである。

不発に終わった日本初の〝リーク訴訟〟

村木事件では、上村氏が検察官の圧力に負けて事実と異なる自白調書にサインした翌日に、調書の内容がそのまま記事になっていたこともあった。

村木さん逮捕直後の二〇〇九年六月一七日の朝日新聞朝刊には、「上村係長の供述によると、上村係長は04年6月初め、村木前局長に呼ばれ、凛の会への証明書について『早く出してあげて。決裁のことは気にしなくていいから』と催促されたという」「さらに、上村係長の供述では、係長が6月初め、『5月28日付』とした偽の証明書を村木前局長に手渡すと、前局長から『ご苦労さま。この件はもう忘れて下さい』とも言われたという」などとある。

上村氏に対する村木さんの発言まで自白調書と同じだった。

もちろん村木さんはそんな言葉を口にしていないし、マスコミは接見禁止中の上村氏にアクセスできない。となると、記事の出どころは特捜部の検事以外に考えられない。これは重大な人権侵害であり、国家公務員の守秘義務という見地からも許されないことだった。

村木さんの無罪確定後、我々は、村木さんを原告として、検察の捜査・起訴・公判遂行で違法に精神的苦痛を被ったとして、国家賠償請求訴訟（国賠訴訟）を提起した。

この訴訟の主な目的は、なぜ村木さんが逮捕・起訴されたのか、どのような経緯で村木さんがターゲットにされたのかを明らかにすることだったが、さらに提訴後、検察によるマスコミへの情報リークについても問題にすることとし、それらについての追加請求を行った。

ところが国は、情報リークの問題を除いて認諾《にんだく》を表明した。認諾とは、民事訴訟において、被告が訴訟内容についていっさい答弁せず、原告側の請求をそのまま認めて裁判を終わらせる手続きのことだ。認諾をすれば、審理は行われない。

普通の民事訴訟でも認諾は滅多にない。国賠訴訟となればなおさらだ。国が支払う賠償金の原資は税金であり、それについて国が何も反論しなくていいなどということは、まずあり得ない話である。だが、国は村木さんの請求を認諾し、審理を行わないまま、賠償金約三七〇〇万円の支払いに応じた。これにより、村木さんを逮捕・起訴するに至った事情を裁判で解明する手立てはなくなってしまい、村木さんも弁護団も非常に落胆した。

ただ、国は、我々が追加請求したメディアに対する情報リークの部分だけは認諾せず、その点だけは争う姿勢を見せた。メディアリークの問題を正面から取り上げた裁判は、日本初だったと思う。

ところが裁判所は、この問題に熱意を示してくれず、「大筋で解決したのだから、リーク行為など問題にすることはないではないか」と、取り下げを勧めてきた。結果的にも、「どの検察官が、誰に、いつ、どう情報を漏らしたか特定できないため、損害賠償請求は認められない」として、我々の訴えを斥《しりぞ》けた。

最高裁まで争ったが結果は変わらず、逮捕・起訴の問題についても、メディアリークの問題についても、立ち入った審理はほとんどされず、問題提起は不発に終わってしまった。

リーク問題で残念だったのは、メディアの協力が得られなかったことである。新聞・テレビ各社は、村木さんの公判報道ではかなり好意的な報道をしてくれたのだが、リーク問題については、「取材源の秘匿」を理由に協力を渋った。日々ニュースを提供してくれる検察との関係を悪くしたくない、というのが本音だったのだろう。

なお、村木さんは、国から支払われた賠償金約三七〇〇万円から、弁護士費用などを除いた約三三〇〇万円を、累犯障害者（知的障害等で社会のルールがよくわからず犯罪を繰り返してしまう人たち）を支援してきた社会福祉法人「南高愛隣会《なんこうあいりんかい》」（長崎県雲仙市）に寄付した。障害者に関係する郵便法違反事件に巻き込まれて刑事司法の問題点を痛感したことから、障害と司法にまたがる分野で賠償金を活かすことにしたのである。

*

村木さんの国賠訴訟で、我々は、なぜ大阪地検特捜部は証拠を改竄してまで村木さんの裁判を続けたのか、その真相を究明したいと思っていた。国としては、裁判が展開すれば証人を出したりして、事実関係について争わなければならなくなる。その過程で、国にとって不都合なことが明らかになる可能性もあった。

それを避けるために、国は認諾をしたのであろう。認諾の悪用と言わざるを得ない。

同じことは、近年の「森友《もりとも》問題」（学校法人「森友学園」への土地売却をめぐる公文書の改竄問題）にも言える。森友問題では、公文書の改竄を業務として強要された近畿財務局職員の赤木《あかぎ》俊夫《としお》氏が自死した。

妻の雅子《まさこ》さんは、改竄指示の詳しい内容や、俊夫氏が自死した経緯を明らかにしたいとして、賠償請求金額一億円を超える国賠訴訟を起こした。おそらく雅子さんたちは、村木さんの国賠訴訟が賠償請求金額約三七〇〇万円でも認諾されたことを踏まえて、あえて一億円という高めの金額を設定したのだと思う。ここまで高額にすれば、国も認諾できないだろうと考えたのであろう。

しかし、それでも国は認諾し、雅子さんが提起した問題は何一つ解明されずに国賠訴訟は終結した。雅子さんは、「国の仕打ちはあまりにもひどい。真相を隠蔽するために認諾をしたのでしょう」などとする直筆の抗議文を財務省に提出した。

情報リークでゴーン氏の「強欲」を喧伝

これまで述べたとおり、カルロス・ゴーン事件は被害性や事件性がきわめて希薄だった。それを補うために、検察はマスコミに対して手持ちの情報を小出しにリークし、「会社を私物化した強欲なゴーン」というイメージを流布させ、世論を味方につけて捜査の追い風とし、裁判で優位に立とうとした。

たとえば、検察は会社法事件（特別背任罪）について、ゴーン氏が日産の子会社からオマーンの企業に送金させた支払いの一部を自身に還流させ、そのお金でヨットを購入したという情報をリークし、ゴーン氏の「強欲」を喧伝させた。テレビや新聞・雑誌は、ゴーン氏の所有する豪華なヨットの写真を大きく放映・掲載し、「ゴーン氏は日産の金を流用して贅沢三昧《ぜいたくざんまい》している」というイメージをばらまいた。

ゴーン氏が所有するヨットは確かにあった。だが、検察が開示した証拠のなかには、日産のオマーンへの送金とヨット購入との繋がりを示すものは、何一つなかった。

しかし、彼に対する批判的な記事が豪華なヨットの写真付きでテレビに流れ、新聞や雑誌に載ると、世の中の人は皆、「日産を救ったようなふりをして、じつは食い物にしていたのか。ゴーンは本当に悪い奴だ」と思ってしまう。それが検察の狙いだったのである。

「メディアとどう向き合うか」は、刑事弁護の大きなテーマ

検察リークによる情報以外にマスコミが取り上げるものがないと、市民の見方はどんどん歪《ゆが》んでいき、ますます検察の意図する方向に事件が報道されていく。そうした悪循環を少しでも断ち、ニュートラルに報じてもらうためには、弁護団がマスコミ対応に努力し、きちんと説明をすることが重要である。

特にゴーン事件は、特捜部のやり方にかなり問題があったし、海外からの注目度も非常に高かったので、発信すべき情報はきちんと発信したい、という思いが弁護団にはあった。私は弁護団でマスコミ対応も担当していたので、頻繁に事務所の前で囲み取材の場を設けて、事件の状況や見通しについて説明した。

また、海外のさまざまなメディアに対応するため、会場が広くて通訳の設備がある日本

外国特派員協会で、何度か記者会見をした。日本の記者はあまり質問しなかったが、海外の記者たちには非常に熱気があり、多くの記者が活発に質問を繰り出してきた。

村木さんの場合は、保釈翌日に、大阪地裁構内の司法記者クラブで記者会見を行った。

「私は無実です」

村木さんは、詰めかけた報道陣を前にして、きっぱりと言った。

「偽の文書を作成するように依頼されたことも、引き受けたことも、部下に命じて作らせたことも、いっさいありません。手帳などの記録で確認しましたが、記録にも記憶にもまったく残っていません」

と、冷静に無実を主張する村木さんの姿は、テレビでも報じられた。それは非常に印象的であり、じつに大きな影響力があった。それまで検察寄りの供述をしていた厚労省職員らが、まるで魔法が解けたように、事実に真正面から向き合うようになったのである。

彼らは、検察官に誘導され、「村木さんは何か悪いことをしたのだろうか」というイメージを持たされていた。また、マスコミが特捜部からリークされた情報を充分に検討せず流していた報道内容にも影響を受けていた。自分の記憶と違っているように感じても、「新聞やテレビで報じられていることが正しいのだろう」と思い込む人は少なくないのだ。

検察が植え付けたイメージや、事実と異なる報道による思い込みは、記者会見での村木さんの言葉によって払拭され、その後の公判での真実を語る証人尋問へと繫がっていった。

その意味で、この事件の流れを変えたのは、村木さんの記者会見だったとも言える。

その後も我々は、村木さんの公判のたびに記者クラブで会見を開き、裁判の状況や証人尋問の結果などを報告し、記者からのさまざまな質問に答えた。

刑事弁護において、「メディアとどう向き合うか」は大きなテーマだ。事件によってではあるが、世論を味方に付けるには、メディアに被告人の言い分を理解してもらい、正確に報道してもらう必要がある。

その努力を続けるか、続けないかで、法廷での闘い方はまるで違ってくるのである。

手口⑮ 情報統制により不都合な情報を世に出させない

「取材拒否、出入り禁止」でメディアに圧力

検察取材の拠点となるのは、全国の裁判所構内にある司法記者クラブである。

霞が関の裁判所合同庁舎内にある東京の司法記者クラブは、法務省、検察庁、東京地裁、東京高裁、最高裁、日弁連をカバーしており、加盟報道機関（主要な新聞社、通信社、テレビ局など）十数社の記者たちが各ブースに常駐している。

司法記者クラブには記者会見場があり、弁護士と事件の当事者らが利用することも多い。記者会見場は、会見をする弁護士や事件当事者らが横一列で四〜五人座れる、ちょっとしたひな壇とそれと向かい合う形で二十数名の記者が座る椅子が置かれている。幹事社（月ごとに交代）の記者が司会をする形で、会見するほうが一通りの説明をすると、待ち構えていた記者が次々質問を浴びせてくる。記者たちの後方にはテレビカメラがあって、会見側が承諾すると撮影が行われる。

検察は、司法記者クラブに加盟していない報道機関の記者やフリーの記者の取材を認めていないが、記者会見の取材については、所定の条件を満たせば認めている。

加盟報道機関の記者であっても、検察にとって不都合な取材や報道をした場合は、「取材拒否」や「出入り禁止」のペナルティーを科されることがある。

たとえば、小沢一郎氏の公設第一秘書だった大久保隆規《おおくぼたかのり》氏が政治資金規正法違反容疑で逮捕・起訴された西松《にしまつ》建設事件（二〇〇九年）の際、一部の加盟報道機関が、西松建設から献金を受けていた自民党の二階俊博《にかいとしひろ》経産相の記事を掲載したところ、「取材拒否・東京地検への三週間出入り禁止」というペナルティーを科された。

この一件以降、司法記者クラブの加盟報道機関は検察や自民党に忖度《そんたく》した報道をするようになった、とも言われているようである。

西松建設からの献金先としては、小沢氏だけでなく、与野党の議員や自治体の首長の名前が多数浮上していた。自民党では、二階氏のほかに、森喜朗元首相、尾身幸次《おみこうじ》元財務相、林幹雄《はやしもとお》前国家公安委員長など十数名の名前が挙がっていた。

しかし東京地検特捜部は、「小沢氏への献金額は他の議員より多い」という説得力のない理由で、小沢氏のみを執拗に追及した。司法記者クラブ加盟報道機関が大々的に報じたのも、小沢氏の事案だけと言ってよかった。

これについて、ニューヨークタイムズ東京支局長のマーティン・ファクラー氏は、日本の雑誌で、「記者クラブによるほとんどの報道が検察のリーク情報に乗るだけであり、なぜこの時期（筆者注：衆院総選挙を控えて民主党の政権奪取が確実視されていた時期）に検察は民主党代表の小沢氏をターゲットにしているのか、という視点から独自の取材や分析を行うメディアはなかったように思う」（「ＳＡＰＩＯ」二〇〇九年一二月二三日・二〇一〇年一月四日合併号インタビュー記事より要約）と述べ、司法記者クラブの報道姿勢を批判した。

出入り禁止は「ミスター検察」の発案

毎日新聞や朝日新聞で特捜事件などの報道に長年携わってきた村山治《むらやまおさむ》氏は、著書『検察　破綻した捜査モデル』（新潮社）のなかで、司法記者クラブに「出入り禁止」を本格的に導入したのは吉永祐介《よしながゆうすけ》氏だったと述べている。

吉永氏は、東京地検特捜部長として数々の事件捜査を指揮し、広島・大阪・東京の各高検の検事長などを経て、一九九三（平成五）年に第一八代検事総長に就任。その経歴から「ミスター検察」と呼ばれた人物である。

吉永氏は、東京地検特捜部副部長時代にロッキード事件の主任検事を務めたとき、徹底した情報管理により、特捜部が田中角栄氏の逮捕に乗り出すことを、どのメディアにも報道させなかったという。「そこで情報管理の効用を知ったのでしょう」と、村山氏は推測している。

ロッキード事件後の一九七八（昭和五三）年、吉永氏は特捜部長に昇進し、同年に発覚したダグラス・グラマン事件（日米間の軍用機売買にからむ汚職事件）やＫＤＤ事件（国際電信電話株式会社・現ＫＤＤＩによる贈収賄および密輸事件）の捜査を指揮した。

検事総長就任後の一九九四年七月、吉永氏は日本記者クラブで講演した際、司法記者クラブにおける「出入り禁止」の措置について、

「ダグラス・グラマン事件、あるいはＫＤＤ事件の頃、私が考えてやったのが初めて」

と語ったという。

なお、村山氏の著書によると、一九八七年に特捜部名で出された文書では、「出入り禁

止」の対象となる取材・報道として、①部長・副部長以外の検察官や検察事務官などへの取材、②被疑者等への直接取材など捜査妨害となるような取材、③特捜部との信義関係を破壊するような取材、の三つが挙げられていたという。

手口⑯ 事実を捻じ曲げた証拠で世論を誘導する

文脈を無視した証拠文書の朗読でメディアを煽る

安部英医師薬害エイズ事件の裁判では、特捜検事が法廷できわめて悪質なデマゴギーの手法を使った。

安部氏は、厚生省（当時）が一九八三年に設置した「エイズ研究班」（以下、研究班）の班長に選ばれ、研究班が活動を終える八四年三月まで班長を務めていた。

八三年六月一三日に行われた研究班の第一回会議では、血友病治療に使用されていた非加熱血液製剤に関するエイズ対策についても話し合われた。その際、研究班メンバーの一人である塩川優一《しおかわゆういち》医師（当時、順天堂大学教授）が、

「エイズ問題や治療対策など、放っておいてもすぐに解決すると思う」

という趣旨の発言をした。

塩川氏の専門は免疫学だ。安部氏は、血友病治療をしたことのない塩川氏がこのような無責任な楽観論を述べたことに抗議する趣旨で、

「我々血友病医は、毎日、この濃縮製剤には毒が入っているかもしれないと思って注射しなければならないんだ。あなたのように放ってなんかおれない」

と、あえてウイルスを「毒」という強い言葉で表現して、たしなめた。

ところが、この会議の録音記録を証拠として法廷に出した検察官は、わざと文脈を無視して、安部氏の発言部分だけを抜き出し、

「安部医師は非加熱血液製剤を毒かもしれないと知りながら患者に投与した」

と朗読した。裁判を傍聴したメディアは、翌日いっせいに、「毒と知りつつ投与」とセンセーショナルに報じた。

正しい文脈のなかで録音記録を読めば、安部氏の発言に何の問題もないことは歴然としている。検察官は、塩川氏の超楽観的な発言部分を省略し、安部氏の発言の意味をまったく別物にすり替え、意図的に「毒発言」であるかのように朗読したのである。

メディアは録音記録の内容をろくに検証もせず、この手法に踊らされてしまった。

弁護団は、塩川優一医師を弁護側証人として申請した。塩川氏は、研究班の解散後に新設された「ＡＩＤＳ調査検討委員会」の委員長を務めていたので、その委員会の活動経緯

を明らかにする必要があったからであるが、証人尋問の際、この「毒発言」についてのやりとりについても我々は確認した。塩川氏は、「テープを聴いたが、自分の声は骨伝導《こつでんどう》で聞くので、どの発言が自分の声かの確認はできなかった」「しかし、内容としては、自分が発言したかもしれないということは、言える」と、かなり複雑な言い方ではあったが、自身の発言であることを否定しなかった。

虚偽の証拠で検察審査会を騙した特捜部

陸山会事件では、小沢氏の元秘書三人（衆院議員の石川知裕氏、池田光智《いけだみつとも》氏、西松建設事件でも逮捕・起訴された大久保隆規氏）が逮捕・起訴されたが、特捜部は〝本命〟である小沢氏の関与を示す証拠を何も見つけることができず、検察庁は小沢氏の不起訴を決定した。しかし、この決定に対して、ある市民団体が検察審査会に審査を申し立てた。

検察審査会は、検察の不起訴判断を不服とする者の求めに応じて判断の妥当性を審査する機関で、選挙人名簿に基づいて無作為抽出された一一人の日本国民で構成される。

審査の結果、東京第五検察審査会は、小沢氏を起訴すべきと判断する「起訴相当」を議決した。それに基づく再捜査を経て、検察は再び嫌疑不充分で不起訴を決定したが、同審査会は再度の「起訴相当」を議決したため、小沢氏は強制起訴されることとなった。

この場合、検察官が訴訟行為をすることはできず、裁判における検察官の役割は、各都道府県の弁護士会が選ぶ指定弁護士が担当することになっている。小沢氏は、東京第二弁護士会が選んだ三人の指定弁護士によって、政治資金規正法違反（報告書への虚偽記載）で強制起訴された。

ところが、後日明らかになったことだが、この強制起訴は特捜部の陰謀によるものだった。特捜部の検事らは、虚偽の記載をした捜査報告書で東京第五検察審査会を誤導し、強制起訴に持ち込んでいたのだ。

小沢氏の「起訴相当」が最初に議決されたあと、特捜部は再捜査として、保釈中の石川知裕氏に改めて事情聴取をした。石川氏は、その際の会話の一部始終を密かにＩＣレコーダーで録音しており、我々はそのことを把握していた。

事情聴取を担当した田代政弘《たしろまさひろ》検事は、石川氏との会話の内容をまとめた形の捜査報告書（以下、田代報告書）を作成し、東京第五検察審査会に提出していた。我々は、裁判所に対して田代報告書の開示を求め、開示された報告書の内容を、石川氏の録音データと照合した。すると、この報告書には録音データに存在しない架空の会話が、まるで実際の会話のようにリアルに記されている箇所が多数存在したのである。

組織ぐるみで捜査資料を捏造し、強制起訴へ誘導

田代報告書では、石川氏が田代検事とのやりとりのなかで、「検事から、あなたを支持した選挙民は、小沢一郎の秘書だったという理由ではなく、石川知裕という候補者個人に期待して国政に送り出したはず。それなのに、やくざの手下が親分を守るために嘘をつくのと同じようなことをしていたら選挙民を裏切ることになる、と言われた」として、「これは結構効いたんですよ。それで堪えきれなくなって、『小沢先生に報告しました、了承も得ました、定期預金担保貸付もちゃんと説明して了承を得ました』って話したんですよね」と言い、小沢氏の共謀を認める供述をしたことになっていた。

しかし、石川氏の録音データには、こうした発言はいっさい存在しない。

また、田代報告書には、石川氏がこれまでの供述を否定することを躊躇《ちゅうちょ》する場面として、次のような会話が記されている。

石川「今更、小沢先生は関係ありませんでしたなんて言っても、信じてもらえるわけがないし、かえって、小沢先生が口止めしたに違いないとか、やっぱり絶対的権力者なんだなって思われますよね」

田代「そう解釈される可能性もあるでしょうね」

石川「いや、みんなそう思うんじゃないですか」

ところが、録音データでは、〝供述を変えれば絶対的権力者である小沢氏が口止めしたと思われる〟という話は石川氏の口から出ておらず、田代検事がそういう話をして石川氏に押し付けている。田代報告書は、会話の趣旨を一八〇度逆転させていたのである。

さらに、録音データには、田代検事が石川氏に対して、小沢氏の関与を認める供述調書の作成に応じれば、小沢氏が起訴されない可能性が高い旨を説得している場面もあった。つまり、田代検事は石川氏に「裏司法取引」を持ち掛けていたわけである。

裁判で検察官の役割を務めた指定弁護士側の証人として出廷した田代検事は、田代報告書の内容と石川氏が録音した会話の内容との相違を我々が指摘すると、

「捜査報告書は、この日の取り調べの直後に作成したものではなく、数日かけて、思い出し、思い出し記載した。このため記憶の混同が生じて事実に反する供述になった」

と弁解した。しかし、田代報告書は一問一答式で具体的かつ詳細に記述されており、時間がたってから曖昧な記憶に基づいて作成されたものとはとうてい考えられない。田代検事が意図的に虚偽の内容の報告書を作成したとすると、虚偽有印公文書作成罪にあたる。これは、懲役一～一〇年の重罪である。

東京地検は、田代検事の捜査報告書以外にも、佐久間達哉《さくまたつや》特捜部長が小沢氏の関与を疑わせるような記載部分にアンダーラインを引いて強調した捜査報告書や、小沢氏の供述を

「虚偽」「不自然・不合理」と決めつけた意見書などを、東京第五検察審査会に多数提出していた。組織ぐるみの捜査資料の捏造で、強制起訴へと誘導していたのである。

一般市民を罠にはめても不起訴処分

刑事裁判では、検察官が申請した証拠書類のうち、弁護人が同意したものでなければ、証拠として採用することができないという基本原則がある。

しかし、検察審査会が行う審査は裁判ではないので、こうしたチェックをする弁護人はおらず、検察官が提出した資料に基づいて不起訴が妥当かどうか判断するしかない。検察審査会に提出できる捜査資料についての規則も明確ではない。そのため、検察がなんとか起訴したい場合、検察審査会に提出する資料のなかに、審査員が誤解しそうな「仕掛け」をした資料をたくさん突っ込んでおくことも可能だ。審査員は、一般市民から無作為で選ばれた人たちで、法律に関しては素人である。東京第五検察審査会のメンバーは、この策略に引っかかり、小沢氏強制起訴へと舵を切ったと思われる。まさか、検察官が起訴させるために「仕掛け」の入った資料を出してくるとは、想像もしていなかっただろう。

普通の事件では、検察審査会はまっとうに機能していると思う。だが、政治的な事件では検察も起訴に向けて躍起となるし、法律知識を補う審査補助員も、必ずしも完全中立的に動くとは限らない。現に本件の場合、審査補助員が起訴方向の助言をしたようである。最高検察庁は、田代検事を有印公文書偽造の疑いで取り調べたが、不起訴処分とした。虚偽の報告は、田代検事の「記憶違いによる間違い」で済まされてしまった。この程度のでっちあげは検察が普段からやっている、という認識だったのだろうか。あるいは、この強制起訴への誘導は組織ぐるみで行われたので、田代検事を起訴すれば、最終的には検察首脳まで責任が及びかねない、と考えての措置だったのかもしれない。

田代検事は、減給一〇〇分の二〇（六ヵ月）の懲戒処分を受け、検察官を辞職した。ほかに、監督責任を問われた岩村修二《いわむらしゅうじ》検事が厳重注意処分、捜査報告書のなかの小沢氏関与を疑わせる記載部分をアンダーラインで強調した佐久間達哉特捜部長が戒告の懲戒処分を受けた。三名ともに現在は弁護士である。

外務省が偽情報を流布した鈴木宗男事件

国策捜査の場合、情報リークは検察だけが行うとは限らない。鈴木宗男事件では、外務省から鈴木氏の「疑惑」に関する情報が次々と流された。

一連の「疑惑」のなかで最も有名なのは「ムネオハウス疑惑」だ。

北方領土の国後島《くなしりとう》には、日本政府が北方四島住民支援事業の一環として四億円以上の費用をかけて建設した「日本人とロシア人のための友好の家」（以下、「友好の家」）があり、ビザなしで渡航した日本人の宿泊施設および地元島民の緊急避難施設として利用されていた。この「友好の家」の建設の際、鈴木氏が「政治圧力」をかけて根室市の業者に受注させた、というのが「ムネオハウス疑惑」だった。

国会の証人喚問で質問に立った日本共産党の佐々木憲昭《けんしょう》議員は、疑惑の根拠として、「鈴木宗男議員が建設業者選定に関して圧力をかけた」との記述がある外務省の機密文書を示し、「この施設は、現地では『ムネオハウス』と呼ばれている」と追及した。

しかし、そう言われても、鈴木氏には寝耳に水であった。もともと北方四島住民支援事業は、北方四島の元島民が多い根室管内の業者を優先するということが、外務省と根室市の間で取り決められていたからである。

そもそも、「ムネオハウス」という名前からしておかしい。「ハウス」はロシア語ではない。また、ロシアでは建物に人名を付けるとき、名前ではなく姓を付ける習慣があるそうだ。「ムネオハウス」は、日本のマスコミが勝手に作り出した造語だったのである。

しかし、そのネーミングにはインパクトがあり、国民にとって非常にわかりやすい政治スキャンダルだったため、メディアに大々的に取り上げられた。鈴木氏は、「北方四島支援事業を私物化するあくどい政治家」として、激しいバッシングにさらされた。

ほかにも、外務省からは、鈴木氏に関する数々の「疑惑情報」が出てきた。国後島におけるディーゼル発電機供用事業の入札について、鈴木氏が三井物産に受注させるよう違法な便宜を図ったとされた「国後島ディーゼル発電施設疑惑」。鈴木氏がODA（政府開発援助）予算を使ってケニアに無用なダムを勝手に建設させ、自然を破壊したうえ、裏で建設業者からキックバックを受けたとされた「ソンドゥ・ミリウ発電所疑惑」。

1999年10月、国後島の古釜布《ふるかまっぷ》に建てられた「友好の家」の完成式に出席した鈴木宗男氏。のちに、この施設は「ムネオハウス」と呼ばれたが、日本のマスコミが勝手に作り上げた造語であった　（写真提供：共同通信社）

鈴木氏の私設秘書だったムルアカ氏（コンゴ出身の民間人）が、偽造した外交官用パスポートを使用しているとされた「ムルアカ疑惑」などなど……。

外務省は、疑惑につながりそうな内部資料を次々と共産党や民主党に流し、それを受け取った共産党議員らは、国会質問で鈴木氏を追及し、窮地に追い込んでいった。

こうした流れのなか、辻元清美《つじもときよみ》衆院議員は国会の証人喚問で、

「あなたは疑惑のデパートどころか、疑惑の総合商社ですよ！」

と言って、鈴木氏を激しく追及した。その結果、鈴木氏は自民党離党を余儀なくされた。なお、のちに辻元氏は、「疑惑の総合商社」発言について謝罪している。外務省の画策についても、のちに共産党の「鈴木宗男疑惑追及チーム」責任者だった筆坂秀世《ふでさかひでよ》元参院議員が事実として認め、謝罪した。

検察は、ケニアの発電所事業や国後島の発電施設をめぐる汚職容疑で鈴木氏を逮捕しようと血眼で捜査をしたが、証拠は何も見つからなかった。結果として、鈴木氏が逮捕された容疑は、マスコミが盛んに報じた多数の「疑惑」とはまったく無関係の、問題とされたこともないレベルの贈収賄事件であったことは、すでに述べたとおりである。

第五章　裁判所を欺く姑息なテクニック

検察官は、どういうことをすれば裁判所に供述調書や法廷証言の信用性を認めてもらえるかを、経験上、よく知っている。

たとえば、あれこれの手口を駆使して調書に「真実らしさ」があるように装い、検察ストーリーが事実であるかのようにアピールする。第一章で述べた「具体的で迫真性・臨場感のある供述内容」や「供述の一貫性、他の供述との符合」も、検察官が裁判所を欺くため調書にほどこす「化粧法」の一つと言っていい。本来、これらは供述調書の信用性とはなんら関係ないのだが、裁判所はこうした要素を重視する傾向があった。

もちろん、裁判所は供述調書だけを重視しているわけではなく、法廷証言も重視している。そのため検察は、裁判が始まると自分たちが完全に掌握した人間を法廷に出し、都合のいいように証言させる。極端な場合は「シナリオ尋問」もやる。あらかじめ作ったシナリオを証人に丸暗記させ、検察ストーリーどおりに証言させるのだ。シナリオ尋問による法廷証言を裁判所が信用した場合、それを覆すのはなかなか難しい。

さらには、ターゲットにした人物の些細なミスを言いがかり的に「犯罪」と決めつけ、灰色部分を真っ黒であるかのように取り上げて、裁判官の心証を悪くしようとすることもある。「疑わしきは被告人の利益に」という法諺《ほうげん》があるが、被告人に少しでも灰色の部分があれば、「疑わしきは被告人の不利益に」となってしまうケースも少なくない。

本章では、裁判所を欺くためのこれらの手口を取り上げ、検討する。

手口⑰ 供述調書に「化粧」をほどこして真実らしさを装う

否認の「痕跡」は残さない

取り調べの際に、「ほんとうに自分はやっていないのだから、それをちゃんと調書に取ってください」と被疑者が頼んでも、その要望に従う義務は検察にはない。否認の「痕跡」を残せるとすれば、逮捕直後に作成される「弁解録取書」（通称「弁録《べんろく》」）ぐらいだ。

警察や検察に逮捕された被疑者は、ただちに犯罪事実の要旨（逮捕理由）と弁護人を選任できる旨を告げられたうえで、犯罪事実に対する認否と弁解を行う機会を与えられる。その際、被疑者による認否と弁解を記録するのが「弁録」である。

しかし、「弁録」は短時間で作成される簡単な文書であり、記録されるのは、「確かに私がやりました」あるいは「私はやっていません」といった犯罪の認否と、被疑者のわずかな言い分だけである。犯罪事実の核心に触れる内容は、勾留後に取り調べのうえで作成される供述調書に記載することになっている。

すでに述べたように、逮捕されれば二〇日間の勾留が当たり前になっており、検察官は持ち時間が二〇日間だと思っている。最初の一〇日間は、被疑者に質問して、ひたすら話を聞く。その間は調書を作らずメモをとるだけだ。この段階では被疑者の話を書きとめるしかないので、メモの内容には否認もあれば、弁護人に有利な話もある。

次の一〇日間は、そのメモをどう組み合わせたら検察の筋書きに沿った「いい調書」になるかを上司と相談し、内容を決めたうえで、被疑者の供述のなかから使える部分だけを使った調書を作る。検察ストーリーに合わない供述は調書化しない。

いわば、前半の一〇日間は材料の仕入れ、後半の一〇日間は料理だ。料理の段階で不要な材料は捨ててしまう。こうして否認の「痕跡」が何もない調書を提出して、裁判所を欺くのである。

小さな修正には応じるが、大筋の検察ストーリーは不動

できあがった供述調書について、供述者（被疑者や参考人）が訂正を頼んでも、検察官は基本的に受け付けない。しかし、どうでもいいような些細な点はわざと訂正に応じる。

この場合、調書の末尾に、「読み聞かせた結果、以下の点の訂正を申し立てたので付加してサインさせた」と、わざわざ記載する。供述者は、威迫や誘導によって、意に添わない調書であっても観念してサインする心境になっているので、このような小さな訂正を付加することには文句を言う気にもなれない。
検察の狙いは、こんな些細な問題でさえ本人の言うとおりに訂正したのだから、まして大きな問題で本人の供述に反したことが盛り込まれているはずがない、と裁判所にアピールすることだ。実際、この手口に裁判所が騙されてしまうケースは少なくない。

一問一答形式の文章を入れて、被疑者の肉声であるかのように装う

多くの調書は本人が一人称として「語る」形式で作られるが、検察官は、重要な点や微妙な点について、わざわざ一問一答形式にすることがある。たとえば、こんな具合だ。

問：あなたが受け取った封筒のなかには、五万円ではなく、もっと多額の現金が入っていませんでしたか。
答：いいえ。五万円でした。
問：もらった現金が間違いなく五万円であるとわかる裏付け資料は何かありますか。
答：何もありません。
問：もらった現金の趣旨について、何か説明はありましたか。
答：「いつものお金」と言われただけで、それ以上に説明はありませんでした。

実際は問いも答えも検察官が全部作るのだが、検察官の問いに対して供述者が答えたような形にすれば、少なくともその答えの部分は供述者の「生の声」のように読める。そうやって調書の「真実らしさ」を装うわけである。

調書へのサインを迫られて疲れ切っている供述者としては、問答形式か否かは関係のないことであり、これまた、文句を言う気にもなれない。

ほかに、供述者が実際に言っているかどうかにかかわらず、

「今回、すべてをお話ししたので、気持ちがすっきりしました」

などと、いかにももっともらしい文章が調書に記載されることもある。

反省文の作成を無理強いし、調書に添えて「真実味」を演出

事件についての反省文を被疑者に書かせて調書に添付し、調書の「真実らしさ」を強調するという手口もある。これも、観念している被疑者が言われるままに作成するものにほかならず、内容の信用性とは無縁のものである。

村木厚子事件では、上村勉氏が反省文を書かされた。再逮捕後の取り調べの際に保釈の話が出て、「検察庁としても反対しない」と言われた数日後に、遠藤祐介《えんどうゆうすけ》検事から、いきなり、裁判における反省の言葉を書けと言われたという。

上村氏は、その日の被疑者ノートに、「裁判で想定外のことを言われたら困るから、一筆かかせて洗脳しておけと〔上から〕言われているのかも知れない。これ以上のことは出てから考える、今は冷静になれない。と言ったら明らかに目の色が変わった」「今回のような件で保釈はめずらしいとも言われた」と記している（いずれも二〇〇九年七月二日の被疑者ノートより引用。〔　〕内は筆者の補足）。

拒否したら保釈に影響が出るかもしれないと不安になった上村氏は、言われるままに反省文を書いた。

「事件に関し、村木課長の指示があったとは言え、私の無責任極まりない行為によって、国民の皆様、特に障害者の方々など各方面に多大な迷惑をおかけしたことを深くお詫び致します」という趣旨の文章で始まる反省文には、今後、懲戒免職処分になっても致し方ないこと、贖罪をして第二の人生を歩んでいく決意が綴られている。

のちに彼は、このように語っている。

「私は『課長の指示』という文言をあえて入れなかったんです。そうしたら、遠藤検事が読んで『抽象的だね』と。そこで沈黙が続くんです。村木さんの指示があったと書かせたいというのが、ありありと伝わってきました。『弁護人と相談したい』と言ったんですけど、やはり『そんな相談してどうするんだ』と言われました。

ここでこじれると、また再逮捕されたり、保釈にならずに勾留が長引くんじゃないかと思って、『課長の指示』を入れた嘘八百の反省文を書き直しました」（『私は負けない』村木厚子さんとの対談より引用）

反省文の書き直しは珍しいことではない。検察ストーリーにぴったり合うよう、検察官から何度も書き直しを命じられることもある。

手口⑱ 被疑者に敢えて嘘をつかせて、供述内容の信頼性を落とす

村木厚子さんが大阪地検で事情聴取を受けたのは、二〇〇九年六月一四日の日中だった（この時点では逮捕されていない）。担当の遠藤裕介検事は、さまざまに質問をするなかで、「凛の会」の倉沢会長に会って何か頼まれたことはないか、と訊いた。村木さんは、「倉沢さんという人に会った記憶はありませんが、役所には人が大勢来るので、会ったとしても憶えていない可能性もあります」と、誠実に答えた。

ところが、出来上がった調書を読むと、「私は倉沢氏に会ったことはありません。『凛の会』のことも知りません」と、完全に否定する文章になっていた。

「会ったとしても忘れていることもあり得る」と村木さんは何度も説明したが、

「調書はあなたの記憶、あなたの側から見た事実であって、客観的事実ではないので、これでいい。調書というのはそういうものですから」

と遠藤検事に主張され、押し切られてしまった。

その日の夕方、村木さんは虚偽有印公文書作成・同行使の容疑で逮捕され、大阪拘置所に収監された。遠藤検事は、逮捕後も「倉沢氏には会っていない」と言い切る表現の調書を作り、村木さんが何度訂正を申し入れても受け入れなかった。

このように、供述者の記憶に曖昧な点があっても、検察官が断言する形にして調書を作ることはよくある。供述者がいくら「記憶にない」と言っても、「記憶にないのなら、その事実はなかったはずだ。『なかった』でいいな」と押し切られてしまう。

これは、あとになって供述内容が事実と違っていたことが判明した場合に、供述者がウソを言ったという印象を裁判所に与え、供述全体の信憑性を失わせるための手口だ。村木さんの場合、もしもあとで「倉沢氏と会った証拠」が出てきたら、村木さんの供述の信用性を損なう危険性があった。遠藤検事は、それを狙っていたとしか思えない。

しかし、ついに村木さんは根負けし、「倉沢氏には会っていない」と言い切る表現の調書にサインをしてしまった。村木さんは検察の「罠」にはめられているようで、不安でたまらなかったという。

接見の際に相談を受けた私は、村木さんにそのことをすぐに手紙に書いて送ってもらい、公証人役場で確定日付をとって証拠化した。第三章でも述べたように、これは、事実に反する調書を取られた場合の有効な対処法である。

六月二〇日付の村木さんの手紙に確定日付をとったのは六月二五日だった。証拠化は、スピーディに行うほうが強い。そして、不当な取り調べには、弁護人が即座に文書で抗議することが肝心である。取り調べに問題があっても、弁護人から抗議が来なければ、そのままで済まされてしまうが、タイムリーに内容証明郵便などで抗議書を出せば、検察側をある程度は牽制できる。

村木さんの場合、弁護団が「被疑者の供述に対して、勝手に歪曲した調書を作ってサインさせた点について抗議する」という抗議書を内容証明郵便で大阪地検に郵送した結果、調書を取り直して、「倉沢氏と会った記憶はない」という表現にしてもらうことができた。

手口⑲ シナリオ尋問

台本どおりに虚偽の証言をさせて、裁判所を騙す

検察官は、問答形式の〝シナリオ〟を作って、「検事がこう訊いたら、あなたはこう答え

る。全部覚えてきてくださいよ」などと言って証人に渡し、そのシナリオどおりに法廷で虚偽の証言をさせて、裁判所を欺くこともある。これが「シナリオ尋問」だ。

シナリオ尋問は明らかな法令違反である。刑事訴訟規則第一九九条の一一項では、「訴訟関係人は、証人の記憶が明らかでない事項についてその記憶を喚起するため必要があるときは、裁判長の許可を受けて、書面（供述を録取した書面を除く。）又は物を示して尋問することができる」としている。

この条文の趣旨は、「証言は原則として何も見ずに記憶のみにもとづいて行うべきもので、証人がうまく思い出せない場合に限り、例外的に記憶を喚起するために何か見せることが許される。ただし、こうした例外的局面であっても供述調書だけは示してはならない」というものだ。これは、供述調書はきわめて誘導性が高いため、それを示すことは、記憶を喚起するというよりは、検察側の語らせたい内容を証人に教えることに他ならないからである。

検察官が裁判直前に証人に渡すシナリオは、供述調書そのものではないが、供述調書に沿ったものであることは間違いない。前記のような刑事訴訟規則の趣旨を考慮すれば、あらかじめ尋問の答えを記載した書面を証人に渡すことは許されるはずがないのは明白だ。なお、検察官が、証人に渡すなどという尋問シナリオに、証人の記憶と異なる内容をあえて記載して、シナリオどおりに証言させれば、偽証の教唆になると考えられる。

*

鈴木宗男事件の一審公判では、鈴木氏に賄賂を渡したとされた島田建設と「やまりん」の幹部らが、シナリオ尋問を強要された。島田建設は、当時の北海道で半ば慣行化していた官製談合をやっており、「やまりん」は、過去に国有林で盗伐をしたことがあった。両社とも弱い立場にあったため、検察に抗うことができなかったのである。

第二章（手口⑧）で述べたように、島田建設の山口勝由元営業本部長は、「真実を明らかにしたい」との思いで陳述書を書いてくれた。この山口陳述書は、Ａ４判の紙一五枚、文字数にして一万三〇〇〇字近くに及ぶ。その前半部分には、自身が検察から受けた不当な取り調べについて克明に記されており、後半部分には、シナリオ尋問に応じた経緯、尋問前後の検事たちの言動、虚偽の証言を押し付けられた苦悩が、生々しく綴られている。以下、〈　〉内は山口陳述書からの引用、〔　〕内は筆者の補足である。

山口氏は、東京地検特捜部の水野谷《みずのや》幸夫《ゆきお》検事からシナリオを渡された。

〈鈴木先生の裁判で、平成15年4月7日に、私は証人として出廷することになりました。証人尋問の準備をする必要があると言われて、平成15年3月25日に、東京地検特捜部に呼ばれて、行きました。――中略――東京地検特捜部に行くと、担当の水野谷検事から、「こう質問するから、こう答えてくれ」と問答の書かれたシナリオを渡されました。このシナリオは、私が呼ばれて行ったら既にできあがっていたものであり、私と打合せ等をして作られたものではありません。〉

〈私の記憶や体験と異なるものでしたが、この通りで間違いないか、何か違うところがあったら言ってほしいといった発言は検事からはなく、「こう質問するから、こう答えてくれ」ということでした。〉

〈既にストーリーができあがっていて、私がそれに反する話をいくらしても無駄だということはわかりきっていましたので、もう異論は差し挟みませんでした。〉

〈北海道にシナリオを持ち帰り、ポイントを書き出したり、コピーして答えの部分を切り離したりして、シナリオの内容を暗記しました。「こう答えてくれ」ということだったので、一生懸命暗記しました。質問事項がかなり多く、苦労しました。法廷での証言など初めてのことであり、大変緊張することが予想されましたので、会社にもこれ〔シナリオ〕を持参して、合間を見て覚えていました。〉

山口陳述書には、証人尋問直前の四月五日と六日にシナリオに沿ったリハーサルが行われ、水野谷検事が付きっきりで「指導」したことや、尋問当日に弁護側反対尋問でシナリオにない質問が出てきて山口氏が答えに詰まったとき、水野谷検事が「異議あり」の助け舟を出したことも記されている。

さらに、尋問を終えたあとのこととして、〈水野谷検事からは、「ちゃんとやれていてよかったよ」「だいぶ緊張していたね」などと声を掛けられました。〉とも記されている。裁判官の面前で虚偽の証言をしたことに対して、特捜検事は「ねぎらい」の言葉を掛けたのである。

シナリオを推敲して入念な準備

山口氏は、水野谷検事から渡されたシナリオの原本も我々に提供してくれた。通常、検察官は、このような不正な資料をすぐ回収してしまうが、山口氏は返さずに持ち帰っていたのである。よく、それを長年保管しておいてくださったと感謝した。

このシナリオは、Ｂ４判の紙の左側に法廷で予定される検察側の質問、右側に証人が証言すべき答えがワープロで記されていた。ただ、シナリオは途中までしか残っていなくて、提供されたのは一七枚（1～17ページまで）のみである。提供に際して、山口氏は改めて探してくれたが、残りは見つからなかった。

しかし、この一七枚だけでも、問答の数は計一四〇項目におよぶ。照合してみると、シナリオに書かれている答えと証人尋問調書の山口氏の証言は、完全に一致していた。

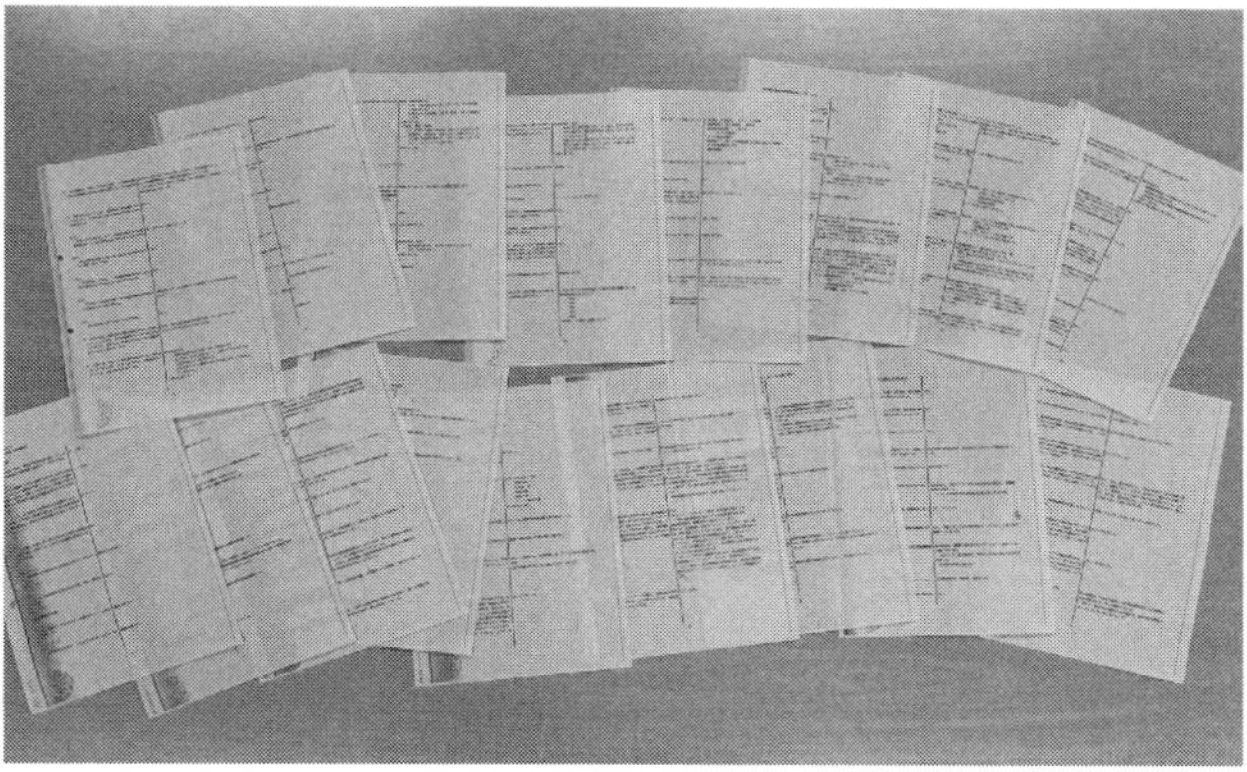

水野谷検事が山口氏に渡した詳細な証人尋問シナリオ

問答の頭には、「1、2、3……」と番号がふってあるが、ところどころに「削除」として問答を消した部分がある。番号だけは残っているので、あとからシナリオを推敲《すいこう》して削除したのだろう。また、問答と問答とのあいだには、「証人に用紙を渡して記載してもらう」「捜査報告書添付の書面の写し1枚を示す」などと、法廷で質問する際に検事がすべきことが記されている部分もある。

こうしたことから、水野谷検事の入念な準備ぶりが窺える。

山口シナリオ尋問の実態

「島田建設事件」は、島田建設が北海道開発局から一九九七〜九八年に受注した港湾工事をめぐり、鈴木宗男氏が島田建設から賄賂（実際には正規の政治献金だった）を受領したとされる事件である。検察ストーリーの概要はこうだ。

島田建設の島田光雄社長は、当時、北海道開発庁長官だった鈴木氏に、受注したい工事をいくつも箇条書きにした「請託メモ」を示し、「ここに書いてある工事を取ってくれ」と口利きを頼んだ。鈴木氏は、このメモどおり島田建設に落札させるよう、北海道開発局港湾部長に指示した。その見返りとして、島田建設が「請託メモ」に書かれた工事を受注するたびに、見返りとして一〇〇万円、計六〇〇万円の賄賂を受け取った——。

ところが、じつは、検察の言う「請託メモ」は、山口氏が同社の営業目標を書いただけの、単なる備忘録としてのメモであった。しかし検察は、島田建設から押収した山口氏のパソコンにあった工事名を羅列したメモファイルを、「請託メモ」のデータであると決めつけ、鈴木氏の収賄を裏付ける「動かぬ証拠」として裁判所に提出した。

山口氏が提供してくれた証人尋問のシナリオでも、「請託メモ」についての問答に多くのページが割《さ》かれている。以下に、その一部を抜粋して原文のまま紹介する（P185の写真）。文中の「メモ」は「請託メモ」のことである。

問　あなたは、島田光雄社長が、鈴木先生に港湾工事を取りたいということで頼んだことは知っていた、ということですが、どうしてそれを知っていたのですか。

67　あなたは，その平成９年から平成１０年にかけての当時は，島田光雄社長が，鈴木先生に港湾工事を取りたいのでよろしくお願いしますと依頼したことを知っていたのですか。	知っていました。
68　あなたは，島田光雄社長が，鈴木先生に港湾工事を取りたいということで頼んだことは知っていた，ということですが，どうしてそれを知っていたのですか。	はい，私は，島田社長から，「鈴木先生のところに港湾工事のことを頼みに行く。それで，取りたい工事をメモに書いてく」れと言われ，メモを作って島田社長に渡しました。そして，その後，島田社長から，「メモを鈴木先生に渡して頼んできたから」と言われたのです。
69　そのメモを作って島田光雄社長に渡したのは，いつごろのことですか。	平成９年１０月と平成１０年１月の２回でした。
70　あなたは平成５年４月から営業部長をされていたわけですが，平成９年１０月よりも前に，島田光雄社長が，あなたに対し，鈴木代議士に頼みに行くからメモを作ってくれないかと言ってきたことがありましたか。	ありませんでした。

114　ところで，平成１０年１月に，あなたが作成したメモに書かれた工事について，島田建設は受注することができたのですか。	だいたいは受注できました。
115　メモには「福島漁港外（東）防波堤　新年度」と記載されていますが，これについてはどうだったのですか。 ・平成１０年３月５日入札 ・指名競争入札 ・島田・三協建設ＪＶで受注	実際に受注したのは，福島漁港外東防波堤外一連工事で，ゼロ国債の工事でした。 メモを作成した当時，防波堤工事がゼロ国債と新年度の２つ発注されるという工事情報を得ていたのですが，同業者の手前，あまり欲張ってもよくないと思い，「新年度」とメモには記載したのですが，ゼロ国債の方を受注できたのです。
116　メモには「釧路西港区」としか記載されていませんが，実際には工事を受注できたのですか。 ・平成１０年３月１９日に入札 ・公募型指名競争入札 ・島田建設受注	当時，釧路西港区は港湾整備のため大きな予算がつけられていて，平成８年度には島田建設は釧路開建の工事を受注できませんでした。そのため，私は，西港区の工事であれば何でもいいと思い，メモに「釧路西港区」と記載しました。 そして，釧路港南防波堤外ケーソン製作工事を受注できたのです。これもゼロ国債の工事でした。 また，釧路港防波堤ケーソン製作工事も受注できました。 ・平成１０年７月２３日入札 ・公募型指名競争入札 ・島田建設・佐伯・北興ＪＶ受注

特捜部が作ったシナリオの一部。鈴木宗男氏の口利きで「請託メモ」どおりに工事を受注できたとする虚偽の「証言」が記載されている

答　はい、私は、島田社長から、「鈴木先生のところに港湾工事のことを頼みに行く。それで、取りたい工事をメモに書いてく」れ（原文ママ）と言われ、メモを作って島田社長に渡しました。そして、その後、島田社長から、「メモを鈴木先生に渡して頼んできたから」と言われたのです。

問　そのメモを作って島田光雄社長に渡したのは、いつごろのことですか。

答　平成9年10月と平成10年1月の2回でした。

――中略――

問　ところで、平成10年1月に、あなたが作成したメモに書かれた工事について、島田建設は受注することができたのですか。

答　だいたいは受注できました。

問　メモには「福島漁港外（東）防波堤　新年度」と記載されていますが、これについてはどうだったのですか。

・平成10年3月5日入札
・指名競争入札
・島田・三協建設JVで受注

答　実際に受注したのは、福島漁港外東防波堤外一連工事で、ゼロ国債の工事でした。

メモを作成した当時、防波堤工事がゼロ国債と新年度の2つ発注されるという工事情報を得ていたのですが、同業者の手前、あまり欲張ってもよくないと思い、「新年度」とメモには記載したのですが、ゼロ国債の方を受注できたのです。

以下、シナリオには延々と、「請託メモ」にある港湾工事についての問答が続いている。山口氏は、こうしたやり取りを丸暗記するよう検察官に指示され、公判直前にはシナリオを見ずに証言する練習もさせられていたのである。

このシナリオでは、「請託メモ」にある各工事についての問答が始まる部分に、必ず、「その工事は受注できましたか」という旨の検事の問いが記載されている。それに対する山口氏の答えは、表現の違いこそあれ、「受注できました」という内容だ。

これについて山口氏は、シナリオ尋問のリハーサルの際に自身が書いた手書きのメモを資料として陳述書に添えたうえで、陳述書で次のように述べている。

〈メモに「受注した事を連絡した事をハッキリ報告したということ」と私が手書きで記入しているのは、鈴木先生に頼んだ工事（工事名メモ〔請託メモ〕にある工事）を受注できたということを、私から島田社長に報告したということを、はっきり証言するよう水野谷検事から指示されたことを書き留めたものです。シナリオに沿って問答のリハーサルを行った

控訴審の弁護団が読み込んだ公共事業に関する膨大な資料

時、私の答え方が不十分だったため、このように指導されたのでした。〉

検察側は、こうして入念に山口氏を「指導」したうえで、「島田建設は鈴木宗男の口利きのおかげで請託メモどおりに次々と工事を受注できた」ということを、裁判所にアピールしたわけである。

ところが、事実は逆だった。「請託メモ」にある工事のほとんどを、島田建設は受注していなかったのである。

控訴審から鈴木氏の弁護をした我々は、事件当時の『北海道建設年鑑』、『北海道建設新聞』『公共工事受注実績録』などの膨大な資料を集め、それらを丹念に読み、道内で行われた港湾工事を徹底的に洗い出し、実際に島田建設が獲得・施工した工事と、「請託メモ」に書かれている工事とを照合した結果、この事実を突き止めた。

一審の弁護団は、この確認作業をしていなかった。客観的資料を重視して、しっかりした弁護をしていれば、鈴木氏は一審で無罪になった可能性がきわめて高いと思う。

シナリオの所在をめぐり、検察官から執拗な電話が……

山口氏の陳述書には、会社のために心ならずも虚偽の証言を行った罪悪感と証言を翻すことへの躊躇が率直に綴られている。

〈その後、島田建設が平成23年に解散・清算することとなり、私もすでに定年退職しましたので、もう、本当のことをお話ししても、島田建設やその社員に迷惑が掛かることはなくなり、かえって、本当のことを隠したままでいるのは鈴木先生に対して申し訳ないという気持ちは、のどに刺さった骨のようにずっと胸の奥にありました。今回、刑務所勤めを終えられた鈴木先生から、本当の事を話してほしいと言われ、正直申し上げて、大変悩みました。取り調べや裁判で話したことと異なることを言った場合に、何か制裁があるのではないだろうかとか、もう二度と面倒なことに巻き込まれたくない、平穏な日々を送りたいという気持ちもやまやまだったのですが、他方で、やはり人として、事実と異なることを言ったままにしているのはよくない、本当の事を言うべきではないだろうかと思い、意を決して、本当の事をお話しすることにしました。〉

そして山口陳述書の最後には、我々にシナリオを提供したあとの出来事として、

〈東京地検の検事さんから突然私の自宅に電話があり、証人尋問の時のシナリオを鈴木先生の弁護士に渡したのかとか、鈴木先生の弁護士と最近会ったのかと聞かれました。〉

と記されている。取り調べのときの嫌な記憶がよみがえり、山口氏はとっさに、「そんなことはしていません」と答えた。しかし、

〈その数日後にまた同じ検事さんから電話があり、証人尋問の時のシナリオを持っていたのかとか、それを誰かに渡したことがあるのかと、しつこく聞かれ、網走まで出向くから会ってもらえないかと聞かれました。私はこれ以上検事さんから追及されたりいじめられたりするのは嫌だという気持ちから、もう昔の事は覚えていない、シナリオのことは知らない、だから会うことはしないと言って、なんとか断りました。〉（山口陳述書より）

自宅のある網走まで来るという検察官の言葉は、山口氏に大きな恐怖感を与えた。山口氏から報告を受けた我々は、鈴木宗男氏とも相談した結果、東京の古本晴英《ふるもとはるひで》弁護士に山口氏の代理人になってもらい、山口氏が検事と直接やり取りをしなくて済むよう対処した。

＊

鈴木宗男事件では、「やまりん」の関連会社の社長だった赤堀《あかぼり》氏も、シナリオ尋問を強要されていた。我々は、赤堀氏からも検察官作成の〝シナリオ〟を入手し、山口氏から提供されたシナリオや陳述書などとともに、鈴木氏の再審請求の際、新たな証拠として裁判所

に提出した。

しかし、これだけの新証拠が出てきても、東京地裁は再審請求を認めてくれなかった。我々は、東京高裁に即時抗告した。

東京地裁の決定が出るまでには六年半近くかかった。東京高裁の判断がいつ出るのかは、現段階ではまったくわからない。鈴木氏の逮捕から二〇年以上が経過し、関係者の記憶は薄れ、証言をした人たちは次々と亡くなっている。検察のシナリオを提供し陳述書を書いてくださった山口氏も世を去った。贈収賄のように関係者の供述が中心となる事件の再審請求には、そういう難しさがある。

【重用した部下に裏切られた老医師――安部英医師薬害エイズ事件】

私が担当した特捜事件のなかで、シナリオ尋問が暴かれたのは、鈴木宗男事件と安部英医師薬害エイズ事件の二つである。

安部氏の公判でシナリオ尋問に応じたのは、事件当時、安部氏の直属の部下だった木下忠俊医師だ。彼は、「非加熱血液製剤の投与を中止するよう安部氏に進言した」と証言し、その理由について、「エイズ発症の危険性が高いことを知っていたからだ」と述べた。

危険性を訴える部下の忠告を無視して非加熱血液製剤投与をやめさせなかった安部氏には過失がある、というのが検察側の見立てだった。

しかし実際には、木下氏が「進言」したという時期に、HIVの危険性はまだわかっていなかった。HIVが非常に危険なものであることは、その後、世界最先端のエイズ研究者たちが研究を進めるにつれて、少しずつわかっていったのだ。それを、ウイルス学やエイズの専門家でもない木下氏が真っ先にわかっていたなど、あり得ない話である。

反対尋問で、私は、「検察官と何回ぐらい証人尋問の打ち合わせをしたのですか」と訊いた。木下氏の答えは、次のようなものだった。

「一つの公判ごとに、検察官の主尋問の際には六、七時間の打ち合わせを四回か五回ずつ、弁護側の反対尋問では三、四時間の打ち合わせを二、三回ずつやっていました」

合計すると百数十時間に及ぶ。どういう方法で打ち合わせをしたのか問うと、

「検察官があらかじめワープロで作った問答集に基づいて、実際に検察官が質問をし、私が答え、それが調書と矛盾していると検察官から注意があり、私が記憶を思い直したり、何か訂正や私の思い違いがあればそれをまた直したりして」という答えであった。

その問答集は一回の尋問につきどの程度の分量があったのかと訊くと、木下氏は、

「B４の紙で三〇〜四〇枚ありました」と答えた。彼は、これらの問答集を毎回、完全に

暗記するまで練習させられていた。

木下氏は、安部氏に重用されて後任教授になった人物である。いわば安部氏は「恩人」だ。なぜ彼は、「恩人」を裏切る形でシナリオ尋問に応じてしまったのか。

この事件の患者に非加熱血液製剤が投与された一九八五年五〜六月当時、安部氏は帝京大副学長として校務に専念し、血友病治療の現場にはいなかった。現場の医師たちに日々の治療や投薬を指示していたのは、主任教授の木下氏だった。

仮に、当時の血友病治療として非加熱血液製剤を投与させていたことが犯罪であるなら、木下氏は真っ先に刑事責任を追及されるべき立場にあった。彼は、検察側の言うとおりにしなければ自分が訴追されるという恐怖を抱いたはずだ。

特捜部はそこに付け込んで、木下氏にありえない内容の証言を強いた。もし、検察官が「シナリオどおりに証言すれば、あなたの刑事責任は問わない」などと言ったのだとしたら、木下証言は「裏司法取引」によって行われたことになる。

法廷で証人を誘導してはいけないことは、裁判の鉄則である。シナリオ尋問は誘導の最たるものであり、当然ながら、こうした方法でなされた証言は信用性が認められない。永《なが》井敏雄《いとしお》裁判長は木下氏の証言を、「検察官が一定の方向に潤色させようとした可能性が高い」として採用しなかった。

安部英医師薬害エイズ事件は、シナリオ尋問が行われていることが公判中に明るみに出た稀有なケースであり、安部氏が無罪となる一つの理由になった。

シナリオ尋問に応じても偽証罪に問われない不思議

シナリオ尋問に応じて虚偽の証言をすることは偽証罪にあたる。偽証罪は、三ヵ月以上一〇年以下の懲役である。

しかし、これまで、シナリオ尋問に応じた証人が偽証罪で起訴されたことはない。なぜなら、起訴するのは検察官だからだ。シナリオを作成して証人に偽証させた検察官は共犯になる。自分たちが共犯になるのに、証人を偽証罪で立件するはずがない。

これまで偽証罪で立件されたのは弁護側の証人だけである。

特捜事件ではないが、一九七四年に兵庫県西宮市の知的障害者施設「甲山《かぶとやま》学園」で二人の園児が園内の浄化槽に転落、溺死し、同学園の保育士Yさんが殺人罪で起訴された甲山事件では、Yさんのアリバイを証言した園長と同僚が偽証罪に問われた。結果として、三人は無罪が確定したが、事件発生から無罪確定までには二五年もの歳月が費やされた。

弁護側に有利な証言をすると偽証罪に問われるリスクがあり、事件によっては裁判が長期化する可能性もあるわけである。だが、検察側に有利な偽証をしても、何のリスクもない。だから特捜検事は安心して証人にシナリオ尋問を強要できる。

なお、刑法第一九三条は、「公務員がその職権を濫用して、人に義務のないことを行わせ、又は権利の行使を妨害したときは、二年以下の懲役又は禁錮に処する」としている。

検察官がシナリオを作成して証人に偽証をさせる行為は、この職権濫用行為に該当する可能性があると考えられる。したがって、偽証罪での起訴は望めなくても、職権濫用罪での起訴はあり得る。なぜなら、職権濫用罪の場合には、検察が起訴しなくても、告訴・告発をした人は裁判所に事件の審判を求めることができて、裁判所が職権濫用の事実を認める決定をすれば公訴の提起があったことになり、弁護士のなかから選任された者が検事役を務めて公判手続が行われるというルートが用意されている（刑事訴訟法第二六二条〜第二六八条）からである。

手口⑳ 被疑者の灰色部分をフレームアップして心証形成

商法や会計についてよくわからない人が、「このお金はどの項目に分類すればいいのかな」と迷い、最終的に自己の判断でお金の出入りを分類することは、日常的によくあるだろうと思う。特捜検察は、ターゲットにした人を起訴するために、このように誰でもやっているようなことをことさらに大問題であるとして取り上げ、事件化することがある。

私が担当した特捜事件でいえば、カルロス・ゴーン事件やライブドア事件（有価証券報告書虚偽記載など）、鈴木宗男事件や小沢一郎事件（政治資金収支報告書虚偽記載）がそれである。どの事件も、会計実務上どの項目に分類すればいいかといった細かな問題であり、非常に悪質な改竄などで取引先や関係者に損害を与えたものではなかった。

有価証券報告書や政治資金収支報告書の記載については、解釈がどうにでも成り立つ問題が多い。そもそも、どうすればよかったのか、本人も関係者もよくわかっていないことが多いので、「これは悪いことだ」と無理やりねじ込まないと供述が取れない。そのため、特捜検察はかなり無理をする。「陸山会事件」は、その極端な例であった。


些細な問題や解釈が分かれる問題を、「大犯罪」であるかのように仕立て上げる

陸山会事件は、簡単にいえば、小沢氏の資金管理団体・陸山会が、都内の土地を秘書寮建設用地として購入した際（二〇〇四年）に小沢氏から借り受けた四億円の経理処理と、この土地の取得時期をめぐり、政治資金収支報告書（以下、収支報告書と記す）に虚偽の記載をしたとされた事件である。

この事件の最大の争点は「収支報告書の記載内容は虚偽と言えるか」であり、争点のポイントは二つあった。一つは、小沢氏からの借入額だ。

小沢氏は、土地購入資金の四億円を現金で秘書の石川氏に渡した。石川氏は、その四億円を陸山会の定期預金口座に入れ、これを担保として銀行から四億円の融資を受けて土地を購入した。この融資の実質的な借受人は陸山会だったが、陸山会には法人格がないため、名義上は同会代表の小沢氏個人が借り受ける形になった。陸山会が小沢氏から借り受けたお金は四億円なので、石川氏は収支報告書にそのように記載した。

この点について、裁判で検察官の役割を務めた指定弁護士側は、当初借り受けた四億円に加えて、銀行から借り受けて陸山会に転貸した四億円があるので、収支報告書には「小沢氏から八億円の借入」と記載すべきだったのに「四億円」と記載したのは、小沢氏が四億円もの個人資産を有していたことを隠蔽するためだと主張した。

しかし、小沢氏は四億円を貸しただけで、あとのことは秘書たちに任せていた。「俺は八億円も出した覚えはない」というのが率直な認識だ。また、「隠蔽目的」という指定弁護側の主張は、あまりにも不合理・不自然である。なぜなら、収支報告書には「小沢氏から四億円の借入」と書いてある。どう考えても、これでは「小沢氏が四億円もの資産を有していたことを隠蔽する」ことにはならない。

もう一つのポイントは、土地の取得時期だ。

陸山会は、〇四年一〇月末に土地の売買契約をした。所有権移転登記は仮登記だけにとどめ、本登記は〇五年一月に行うとの合意書を作成したうえで代金を支払い、本登記は〇五年一月七日に実行された。小沢氏の秘書らは、不動産を取得したのは「登記をした時期」という認識のもと、収支報告書に〇五年と記載した。

指定弁護士側は、問題の土地は〇四年に売買契約をして代金を支払ったのだから、土地の取得時期も〇四年と記載すべきであり、〇五年としたのは虚偽記載であると主張した。

不動産を取得して資産とした時点が「代金を支払った時」か「登記した時」かは、学問的にも両説ある。指定弁護士側および弁護側双方の証人として出廷した弥永真生《やながまさお》筑波大学教授（商法・会計学）は、「実務上は〇五年一月の本登記に合わせるのが原則」と証言し、虚偽記載には当たらないとの見解を示した。

仮に、これが虚偽記載に当たるとしても、記載時期が一年先送りされただけのことで、いわゆる「期ずれ」にすぎない。そもそも、この土地の取得時期を「偽る」ことによって、小沢氏当人にどんな利益があるのかの説明もつかない。

これら二つのポイントは、いずれも事務処理上の問題であり、刑事事件で処罰しなければならないようなレベルの問題ではない。指定弁護側の主張にはもともと無理があった。

小沢氏が一審、二審とも無罪になったことは、すでに述べたとおりだ。一審では虚偽記載を認めたうえで、小沢氏はそれに関与していないとして無罪とした。しかし、控訴棄却の判決を下した小川正持裁判長は、収支報告書の内容について、「四億円の借入と土地取得時期のどちらについても虚偽記載とは言えない」と認定し、虚偽記載そのものを否定した。

特に、不動産の取得時期については、「登記の時期と考えることも合理的である」と判断した。これは、取得時期は土地代金を支払った〇四年一〇月だとも考えられるし、移転登記をした〇五年一月だとも考えられる、ということである。

つまり、「そんなことはどちらでもいい話で、虚偽などとは言わない」という判断であり、市民感情に合致するものだったと思う。

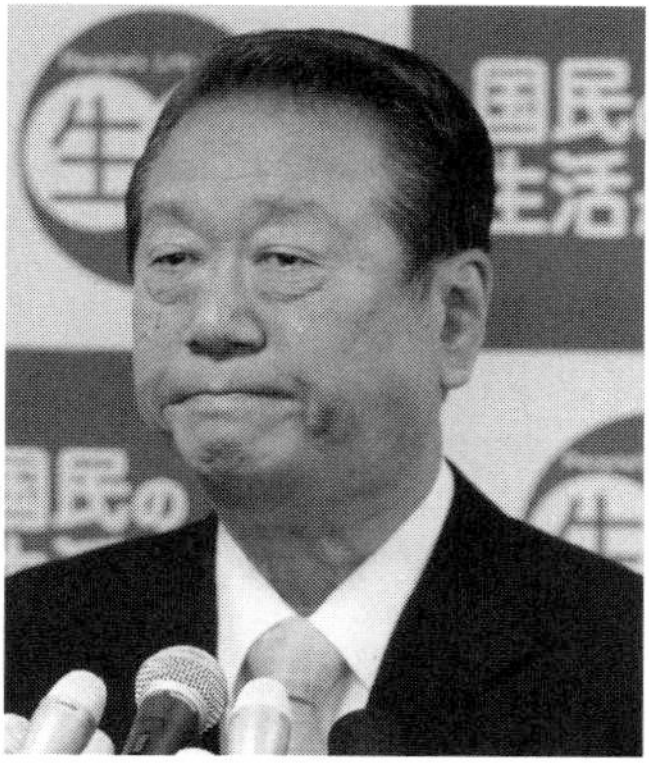

2012年11月19日、無罪確定を受け記者会見する小沢一郎氏（写真提供：共同通信社）。無罪は勝ち取ったものの、陸山会事件の捜査の最中に行われた民主党の党首選に敗れた。そして強制起訴による党員資格停止処分により、その政治的影響力は大幅に低下した

＊

序章で述べたように、この事件は、実質的には「小沢一郎vs.東京地検特捜部」の闘いだった。特捜部は、収支報告書の不動産取得時期について、二ヵ月ほどの「ずれ」を取り上げ、専門家でも解釈が分

かれる問題を「虚偽」だとしたばかりか、「〇四年の収支報告書は、取得した資産を記載していないから虚偽。〇五年については、取得していない資産を記載したから虚偽。二年連続の虚偽だ」と決めつけていた。小沢氏を狙い撃ちするために、政治資金規正法を恣意的に適用したと言える。

特捜検察は、標的とした人物に何か灰色の部分はないかと調べあげ、どちらの解釈も成り立つような問題について「犯罪」だと決めつけたり、言いがかり的なことをいろいろと並べたりして、「真っ黒」であることを印象付けようとする傾向がある。すべてが、ターゲットを挙げて「有罪」という目標まで行くための手段でしかない、とも言えるだろう。

こうしたことが一般にはわかりづらいため、特捜部が動くと多くの人は「事件」だと思ってしまう。特に政治家の場合、「秘書が有罪なら、本人も悪いことをやったに違いない」と思われることが多く、「逮捕・起訴されて有罪になってスッキリした」と一種の鬱憤晴らしにされてしまう面もある。社会的地位の高い人がいきなり引きずり下ろされるのを愉快だと感じる国民の心理を、特捜部は巧みに利用するのだ。

課徴金で済むはずの事案で実刑判決を下されたホリエモン

小沢氏の事件の二年ほど前に、私はライブドア事件を担当した。当時の特捜検察は、摘発対象の重心を、従来の政界汚職から経済犯罪、金融証券犯罪に移そうとしていた。

ライブドア事件は、二〇〇六年にITベンチャー企業「ライブドア」の堀江貴文（愛称「ホリエモン」）社長や財務担当取締役の宮内亮治《みやうちりょうじ》氏ら幹部が、証券取引法違反容疑で東京地検特捜部に逮捕・起訴された事案だ。このときも特捜部は、同社の監査役や監査法人でさえ見落としていた細かな会計上の問題を取り上げ、社長の堀江氏が正確に認識していなかったことを「大犯罪」であるかのように仕立て上げた。

堀江氏は、〇七年に東京地裁で懲役二年六ヵ月の実刑判決を受けて即日控訴したが、翌年に控訴棄却となり、即日上告。私は上告審から堀江氏の弁護人を務めることとなった。

上告審で我々が問題の一つとしたのは「量刑不当」である。

堀江氏の主な起訴事実は、総額約五三億円の粉飾決算（有価証券報告書虚偽記載）だった。粉飾決算事件は過去にいくつも起きているが、課徴金という行政罰（スピード違反の反則金のようなもの）で済まされることが圧倒的に多く、粉飾額が一〇〇〇億円を超える場合でも執行猶予とされるのが量刑相場で、実刑判決が言い渡された例はほとんどない。

たとえば、山一證券が一九九五～九七年にわたり約七四二八億円の粉飾決算をしたとされた事件では、東京高裁が元社長に対して懲役三年、執行猶予五年の判決を言い渡した。ほかに、日本債券信用銀行事件（粉飾額約一五九二億円）では元会長に懲役一年四ヵ月、執行猶予三年の判決が、カネボウ事件（粉飾額は連結純資産で約七五三億円）では元社長に懲役二年、執行猶予三年の判決が言い渡されている。

これらの事件と比べると、粉飾額約五三億円のライブドア事件での堀江氏に対する実刑判決は、不公平で不相当な量刑である。我々はそう主張したが、上告は棄却されてしまい、実刑判決が確定した堀江氏は東京拘置所に収監された（のちに長野刑務所へ移管）。

仮に、堀江氏が粉飾決算をやったとしても、検察は前後のケースから考えて課徴金で済ませるか、刑事事件として取り上げた場合でも執行猶予付きの求刑をしたはずである。しかし、実際には「懲役四年」を求刑し、堀江氏は実刑判決を言い渡された。極端なたとえで言えば、四〇キロのスピード違反をして免許停止一ヵ月と罰金一〇万円を払い、「これからは気を付けなさいよ」と言われて済むものが、実刑を食らったようなものだ。

なぜ、堀江氏はこのように重い量刑になったのだろうか。

逮捕前の堀江氏は、日本を代表するメディアグループやプロ野球球団の買収に乗り出し、著書『稼ぐが勝ち』で自身の起業術や経営術を語り、六本木ヒルズに本社と自宅を持つなど、非常に目立つ存在だった。

「出る杭は打たれる」という諺《ことわざ》があるように、堀江氏に対する不当に重い量刑は、一種の見せしめ的なものだったのではないか、とも思えるのである。

第六章　特捜検察は変わっていない

村木事件をきっかけに始まった「検察改革」

村木厚子事件は、主任検事による証拠改竄と特捜部長・副部長の犯人隠避による逮捕、大林《おおばやし》宏《ひろし》検事総長の謝罪会見、その後の大林総長および伊藤鉄男《いとうてつお》次長検事（検事総長に次ぐポジション）の引責辞任という事態にまで発展した。

検察に対する国民の信用を失墜させた村木事件をきっかけに、法務大臣の私的諮問《しもん》機関として「検察の在り方検討会議」が二〇一〇（平成二二）年に設置された。

その第六回会議（一一年一月）では、冤罪事件の被害者である村木さんと小堀隆恒《こぼりたかつね》氏（元大阪府枚方《ひらかた》副市長）、弁護士の若狭勝《わかさまさる》氏（元東京地検特捜部副部長）の三人が招聘《しょうへい》され、個別に委員らの前に呼ばれる形で、司法改革に対する意見や自身の体験を述べた。

議事録によると、小堀氏は、枚方市の清掃工場建設をめぐる談合に関与したとして、〇七年（村木事件の二年前）に大阪地検特捜部に逮捕・起訴された。一審の無罪判決が確定したが、取り調べでは検事から連日、「クズ野郎、ゴミ野郎」「二度と枚方に住めないようにしてやる」などと罵声を浴びせられ、半身不随で介護施設に入っていた九〇歳の母親を「調べるぞ」と脅されたという。「その母親も、私の無罪判決を聞く前に亡くなってしまいました。大変残念に思っております」と、小堀氏は語っている。

村木さんへのヒアリングでは、弁護人として同席した私も意見を求められ、「取り調べの全面可視化と調書中心主義の見直しを議論の中心課題にしていただきたい」旨の発言をした。

しかし、その年の三月末に同会議から法務大臣になされた提言には、取り調べの全面可視化は盛り込まれなかった。この課題は、六月に法務大臣の諮問を受けて新たに設置された「法務省法制審議会　新時代の刑事司法制度特別部会」（以下、法制審議会）で、改めて審議されることとなった。

法制審議会での意見陳述

法制審議会の委員には、法学者、法務省・検察庁・警視庁・裁判所の現役幹部や出身者、弁護士などとともに、村木厚子さん、映画監督の周防《すお》正行《まさゆき》氏も名を連ねていた。周防監督は、〇七年に痴漢冤罪をテーマにした『それでもボクはやってない』を公開して反響を呼び、現在も冤罪事件を取り上げた作品で問題提起を続けている。

法制審議会では約三年間にわたって討議が重ねられた。私も意見を求められ、第五回会議（一一年一一月二九日）に出席して、人質司法の問題を中心に意見を述べた。検察・警察の供述調書中心主義を見直すためには、取り調べの可視化とともに、以前から指摘されてきた人質司法の問題に目を向けることが重要だったからである。

私は、村木厚子事件、安部英医師薬害エイズ事件、鈴木宗男事件を例に挙げ、本書でこれまで述べてきたような取り調べのさまざまな問題点を指摘したうえで、自白の強要を禁止している憲法第三八条（以下、三八条）の解釈について、次のように述べた。

自白の強要は、単に直接の脅迫や肉体的拷問によるものだけではない。偽計による心理的な強制、具体的には、共犯者がすでに自白をしているかのように騙して心理的に追い込むこと（第三章手口⑬参照）も、三八条の趣旨に反することは、最高裁判決で明らかにされている。

自白調書にサインしない限りは、何十日、何百日でも身柄拘束を続けると仄めかして取り調べをすることも、三八条の趣旨に反することは明らかだと思われる。

また、立件する予定もないのに関係者をわざわざ被疑者と銘打って取り調べ、捜査官に迎合しなければ逮捕されるかもしれないとの恐怖心を与えながら取り調べをすること（村木事件がそうであった）も、三八条の趣旨に反すると考える――。

そして、人質司法をなくすための立法的な提案として、次の二点を述べた。

・保釈の指針として、被疑者が否認または黙秘していることを証拠隠滅のおそれと結び付けてはならないという禁止規定を、刑事訴訟法（以下、刑訴法）に明文で規定すべきである。

・証拠隠滅の防止策としては、特定の人物との接触禁止で足りることを原則とし、これについても刑訴法に明文で規定する必要がある。捜査官として把握もしていないような人物との接触まで問題にするのは行き過ぎであり、防御権の侵害であると考える。

さらに、意見陳述のあとの質疑応答で、「参考人に対する任意の取り調べのときには、調べられる側が録音機を持ち込むこと（つまり自己可視化）を妨害してはならないと、きちんと決めるべきではないか」という旨の問題提起をした。

そもそも、任意の取り調べで持ち物検査をすることは、許されないはずである。調べられる側は、警察や検察に呼び出され、非常に重要なこと、あるいは、どう言っていいかわからないことを、あれこれ訊かれて調書を作られる。せめてもの自己防衛として、録音機を持ち込むことは認められてしかるべきだと思う。

小沢一郎事件では、元秘書の石川知裕氏が、田代政弘検事による取り調べの様子を密かに録音し、その録音データが裁判所の証拠決定に大きな影響を与えた（P161〜165参照）。このことは、防御のために録音機を持ち込むことがきわめて現実的かつ必要であることを示している。一種の可視化である。参考人への取り調べを可視化する場合、勾留されている人と同じように「取調室に入れて録音・録画する」ことに限定して考える必要はないと思うのである。

取り調べの可視化は全事件の数パーセント

取り調べの可視化を義務付ける改正刑訴法は、二〇一九年六月一日に施行された。

現在の刑訴法では、逮捕・勾留下の被疑者の取り調べについて、開始から終了に至るまで全過程の録音・録画を義務付けており、録音・録画がない場合には、原則として供述調書を証拠として提出することができなくなる、と定められている。

しかし、すべての事件で取り調べ過程の録音・録画が義務付けられているわけではない。可視化の対象となるのは、裁判員裁判の対象となる事件（殺人や放火など）と特捜部が扱う事件に限定されており、冤罪が生まれやすいとされている痴漢や窃盗などの事件については、録音・録画義務付けの対象外だ。また、逮捕・勾留される以前の被疑者（いわゆる在宅被疑者）への任意の取り調べや、身柄を拘束されていない事件関係者などの取り調べについても、録音・録画しなくていいことになっている。

たとえば、第三章で述べた、がんの治療中に取り調べを受けた鈴木宗男氏の元秘書は、特捜事件で逮捕・勾留されていたので、今なら取り調べの全過程を録音・録画しなければならない。一方、小沢一郎事件で子供を保育園に迎えに行けなかった石川知裕議員の女性秘書は、参考人だったので、取り調べを録音・録画するもしないも検察の自由である。

取り調べの録音・録画が義務化される前には、検察官が机を叩いたり蹴ったりして被疑者や参考人を脅したり、ときには暴行に及んだりすることもあった。一九九三年の「地方政界ゼネコン汚職事件」（複数の県知事や市長、自治体幹部らがゼネコン各社からの収賄容疑で東京地検特捜部に逮捕・起訴された事件）では、静岡地検から特捜部に応援に来ていた検事が、事情聴取中の参考人に暴行を加え、全治三週間のけがを負わせた。この検事は、特別公務員暴行陵虐致傷罪で起訴され、懲役二年、執行猶予四年の判決を受けている。

さすがに今では検察もこうした暴力行為はやらなくなっていると思うが、可視化の対象となっているのは、全事件の数パーセントにすぎないことに留意すべきだろう。

検察改革を利用した「焼け太り」

さらに注意しなければいけないのは、このような新しいシステムができると、検察は、どうすればそれをうまく回避できるか、さらには自分たちに都合よく利用できるかを考えることである。

最近、よくやっているのは、任意捜査と称して取り調べの録音・録画義務を回避することである。

まずは逮捕する前に被疑者を呼び出して、任意で取り調べる。うまく供述を引き出せなければ、脅したりすかしたりして、相手が屈服するまで任意で調べ続ける。任意の取り調べは録音・録画の対象外だからだ。

そうして相手を屈服させてから逮捕し、「今日から本番の取り調べだ」ということにして、そこから取り調べの過程を録音・録画する。結果として残るのは、検察ストーリーに沿った供述をしている被疑者の音声と画像だけであり、検察側は、自分たちに都合よく作文した供述調書の内容を裏付ける証拠として提出できるわけである。

ルールに従って録音・録画されているものについては、弁護人はそのコピーをもらえるので、もちろん必要に応じて内容を確認するが、被疑者が任意の取り調べで検察に屈服するまでの過程は、弁護人にはまったくわからない。

取り調べの可視化という改革がなされても、これでは被疑者の供述の自由を確保することとは困難で、冤罪を引き起こす危険もある。日弁連もこの点を懸念し、在宅被疑者の取り調べについても録音・録画を義務付ける必要があると指摘している。

リハーサルで「完璧な自白動画」を作り上げる

秋元司ＩＲ汚職事件では、精神病院に強制入院となった元秘書の豊嶋氏の病室に東京地検特捜部の検察官らが押しかけ、厳しい取り調べにより供述調書を取った（Ｐ132〜133参照）。

その間、彼らはいっさい録音・録画をしていない。疲弊した豊嶋氏が調書へのサインを承諾すると、検察官らは、「今からもう一回話を聞くから」と、それまでの取り調べと同じようなことをやったうえで、初めてカメラを回したという。

被疑者を落としたら、まず一回リハーサルをやり、そのあとが本番とばかりに、初めて録音・録画をする。映画を作るのと同じように、こうして検察にとって「完璧な作品」にする。しかも、その一部だけを有罪の証拠として出すことが、最近、多くなっている。

このようなやり方は、一貫して否認している相手には使えないが、微妙に揺れ動いている被疑者が、たまたま検察にとって都合よく発言したときの動画が残っていれば、かえって証言の信憑性が強化されてしまうことにもなる。

また、本番の途中で被疑者が「無理やり言わされています」と言ったとしても、全部リセットして初めから撮り直せばいいわけだから、検察の思うままに録音・録画ができる。

あとから法廷で、「あれはとんでもない調べで、私の意に反していた」と主張しても、検察は自分たちにとって都合のいい一部分の動画だけを出しているので、「ちゃんと自白しているではないか。これがその場面だ」と反論されてしまう。

秋元氏の一審では、豊嶋氏の取り調べの録音・録画について、弁護側が「証拠として採用すべきではない」と主張したが、裁判所は証拠として採用した。

一審裁判所の判断は、「この映像の豊嶋氏の表情からすると、特に病状が悪化していたとは見えないし、淡々と、しかも余裕をもって喋っており、脅されて供述したとも考えられない。よって豊嶋氏の供述は信用できる」というものであった。

取り調べのごく一部の動画を見ただけで、医学や心理学の非専門家がこのような判断をすることには、疑問を持たずにはおれない。控訴審でも我々弁護団は、豊嶋氏の取り調べの録音・録画には信用性がないということで争っている。

任意捜査の段階から、関係者からの事情聴取などを全面録音・全面録画し、かつ、被疑者本人が要求すれば弁護人の立会いのもとで捜査できるようにすれば、特捜もあまり無茶なことはできないだろう。しかし、簡単にそうなるとは思えない。

取り調べの録音・録画は、もともとは違法な取り調べをさせないための監視的な意味合いで導入されたものだが、今はむしろ、検察側が自分たちに有利な証拠集めをするためのテクニックになっている。いくら新しいシステムをつくっても、検察側が「自分たちにとって不利になるようなルール変更など絶対に受け入れない」という意識を変えなければ、このように悪用されてしまうのである。

多くの人は、特捜検察は村木さんの事件で反省してこれまでの捜査手法を改め、立ち直ってきているのだろうと思っているだろうが、検察側の意識は、基本的なところでは変わっていないように見える。村木事件を反省するどころか、むしろ「焼け太り」でツールを増やし、より悪質になっていると言わざるを得ないだろう。

取り調べの可視化と「ヤメ検」の問題

取り調べの録音・録画で検察のご都合主義がまかり通っているのは、弁護人が取り調べに立ち会えないからである。だが、立ち会えるようになったらなったで、また別の問題が出てくると思う。それは「ヤメ検」（検察官を辞めて弁護士になった人）の問題だ。

一般の人から見ると、ヤメ検は検察のことをよく知っているのだから被疑者に有利になるよう、うまく弁護してくれるような気がするだろう。しかし、刑事事件の法廷でヤメ検と現役検事が対峙した場合、依頼人の罪を軽くしたいヤメ検と、被告人を有罪にしたい現役検事とが、「落とし所」を探りながら裁判を進めることがある。捜査段階で弁護についたヤメ検が、現役検事と結託し、被疑者を脅したりすかしたりして容疑を認めさせ、事件を作り出している場合すらある。

もちろん、すべてのヤメ検がそうだと言っているのではない。しかし、もといた検察のほうに非常に近い人もいて、ときには検察と協力できるということを「売り」にしていることもある。検察のほうでも、必要に応じてそういう人を利用しているわけである。

特捜事件のように、社会的にそれなりの地位にある人が逮捕された場合、検察庁の上層部にいたOBに弁護人をどうしたらいいか相談すると、「検察庁で自分の部下だった者がたくさんいますよ」などと言われることもある。そう言って、ヤメ検をつけるよう誘導するのである。政治家や大企業の社長などが逮捕されると、たいてい最初はヤメ検が弁護につくのは、そのためだ。カルロス・ゴーン氏もそうだった。

秋元司IR汚職事件でも、元秘書の豊嶋氏に最初についた弁護人は、ヤメ検の田代政弘弁護士であった。小沢一郎事件のとき、元秘書の石川氏を取り調べた際の報告書に事実と異なることを書いて検察審査会を誤導した、東京地検特捜部の元検事である。田代氏は、報告書の虚偽記載が露見して検察を辞め、弁護士になった。

豊嶋氏が、強制入院中にもかかわらず特捜部の取り調べを受けることになったのは、田代弁護士の「助言」があったからだ。豊嶋氏は「取り調べを受けないと逮捕されるかもしれない」などと言われて、しかたなく取り調べに応じたのだった。

病室で拷問のような取り調べを受けたことで相当な不信感を持ったのだろう、豊嶋氏は、裁判の途中で田代弁護士を解任した。現在は別の弁護人がついている。

弁護人の立ち合いで懸念される二つのこと

法務大臣の私的諮問機関「法務・検察行政刷新会議」では、検察官の倫理、法務行政の透明化、我が国の刑事手続に国際的な理解が得られるようにするための方策などに関して、議論が交わされてきた。

同会議の検討課題の一つに、「被疑者の取り調べにおける弁護人の立ち合い」がある。これは、海外では多くの国に認められていることであり、日本においても、弁護人の立ち合いによって取り調べの密室性に一つの穴を開けるという点では、大きな意味のあることだと思う。取り調べの録音・録画は機械によって密室性を突破するわけだが、弁護人という生身の人間が立ち会えば、密室性はより低くなる。

また、取り調べに弁護人が立ち会うことで、被疑者の供述の信用性を確認することもできるし、被疑者の妄想や勘ぐりなどによって取り調べが進まない場合、弁護人の立場から助言や説得をすることでしっかりした供述ができる、ということもあり得るだろう。

ただ、弁護人が立ち会いさえすればうまくいくかというと、なかなか簡単にはいかないのではないかと思う。私が懸念しているのは、次の二つの問題点だ。

一つは、法務省が、「取り調べに弁護人の立ち合いを認めるかどうかは、担当検察官が適切に判断すべき」としている点だ。これは非常に危険なことである。

検察は組織的に一体となって同じ目的、同じレベルで取り調べをするが、弁護士というのはそれぞれで考え方が違う。仮に、検察に好意的なヤメ検が弁護人の場合には立ち合いを認める、ということになれば、検察と弁護人が一体となって、本来は喋ってはいけないことを被疑者に喋らせたり、一定方向に供述させたりする危険にも繋がる。したがって、担当検察官の判断で立ち合いを許すかどうか決めることには、大きな問題がある。

もう一つの問題点は、検察の基本的な体質が変わらない限り、単純に「弁護人の立ち合いを認めれば、すべてがよくなる」とは言えないことである。

私のこれまでの経験で言えば、取り調べの可視化は、秋元氏の事件で検察に都合よく運用された。後述する「日本版司法取引制度」は、カルロス・ゴーン事件で検察に都合よく運用された。こうしたことから考えると、被疑者の取り調べに弁護人が立ち会えるようになったときにも、同様のことが起きる可能性は否定できない。その場合、どういうことになるかということを、しっかり検討しておく必要があるのではないだろうか。

検察組織全体の体質や姿勢が変わらなければ、いくら改革が行われても、それがまた検察の「焼け太り」に繋がっていく危険性は、決して低くはないと思うのである。

特捜検察が得た新たな〝武器〟、日本版司法取引

村木厚子さんの事件で発覚した「大阪地検特捜部証拠改竄事件」を契機として始まった検察改革では、司法取引制度（いわゆる日本版司法取引）も導入された。

この制度は、自白に頼らずに証拠を収集する手段として導入された。しかし、検察の自白偏重主義は変わっておらず、かえって検察は不祥事をきっかけとして新たな〝武器〟を手に入れたとして、「焼け太り」と批判する声も多い。

日本版司法取引は、ある刑事事件で処罰の対象となっている被疑者または被告人が、「他人」の刑事事件の捜査・公判に協力する代わりに、自身の犯罪を不起訴にしてもらったり、求刑を軽くしてもらったり、あるいは別の軽い罪で起訴されることに合意するという制度である。適用対象は特定の犯罪に限定されており、特捜部が関わるものとしては、経済犯罪（談合・脱税・贈収賄等）が挙げられる。

司法取引の協議と合意は、被疑者または被告人およびその弁護人と検察官とのあいだで行うものとされている。しかし、最終的には被疑者または被告人の意思に基づいて決定し、検察官に対して自発的に事実を話す。司法取引の理念に照らせば、それは言うまでもないことである。

ところが、カルロス・ゴーン事件では、ゴーン氏の未払い報酬をめぐる「金商法事件」

において、東京地検特捜部が、本来の司法取引の理念や趣旨とはまったく異なる不当なやり方で、司法取引制度を運用した。

司法取引に応じたのは、日産のハリ・ナダ専務執行役員と大沼敏明秘書室長だ（肩書はいずれも当時）。ハリ・ナダ氏はアジア系イギリス人で、英国弁護士資格を持っており、ゴーン氏の未払い報酬について、法務担当役員としていくつかの事実を知っていた。大沼氏はゴーン氏の最側近で、ゴーン氏が自身の役員報酬を減額したあとの事務処理をしており、ゴーン氏が本来受け取ることができた報酬額、最終的に決定した報酬額、その差額（減額した金額）等を記録していた。

特捜部と日産は、この二人を司法取引に応じさせて意のままに供述させないと立件できないと考えた。だが、当のハリ・ナダ氏と大沼氏には、罪を犯した事実も、その認識もない。当然ながら、司法取引によって処罰を軽減してもらおうという意識も皆無だった。

先に説明したように、司法取引の大前提は、罪を犯して処罰の対象とされている人が、自分の罪を軽くしてもらうために、自らの意思に基づいて応じ、検察官に対して自発的に事実を話すことである。二人が司法取引に応じるなど、本来ならあり得ない。

特捜部と日産は、もともと司法取引に応ずる根拠が何もないハリ・ナダ氏と大沼氏に、会社の指示命令によって無理やり司法取引をさせたと考えられるのである。これは、司法取引制度の濫用にほかならない。また、司法取引における二人の供述は、特捜部と日産とで作った筋書きどおりに事実と異なることを喋ったという意味で、「シナリオ尋問」（第五章、手口⑲）と似ている。なお、司法取引をしたうえで〝虚偽の供述〟（具体的には検察官と約束したとおりに喋らなかった場合）をすれば、五年以下の懲役になる。

ハリ・ナダ氏と大沼氏は、司法取引に応じたあとも日産に勤務して高給をもらい続けた。仮に、二人がゴーン氏の「共犯者」なら、「日産に対して犯罪を行った人間」ということになる。「なぜ日産は二人を解雇・告発しないのだ」という批判は、当時、かなり多かった。こうしたことからも、特捜部と日産がタッグを組んで、ハリ・ナダ氏と大沼氏をがんじがらめに囲い込み、自分たちの意のままに利用して、ゴーン氏の事件を作り上げた構造が浮かび上がってくる。

ゴーン弁護団は、大沼氏とハリ・ナダ氏の司法取引は筋書きが全部作られたうえで業務命令により強制的になされたものであること、このような司法取引制度の利用は法の趣旨に反し違法であることを、公訴棄却（裁判の打ち切り）を求める理由の一つとしていた。

＊

日本に司法取引制度が導入されたのは、ゴーン氏が金商法事件で最初に逮捕される約五ヵ月前の、二〇一八年六月一日だった。特捜部は、司法取引が実際に行われるようになって早々に、ゴーン事件でそれを濫用したのである。

そもそも、「他人」の刑事事件で検察に協力したら自分の罪が軽くなるという日本版司法取引には、導入当初から構造上の問題が指摘されていた。誰かを巻き込まないと司法取引が成立しない「巻き込み型」の構造は、冤罪を生む危険性をはらんでいるからだ。

たとえば、自身の不起訴や量刑の減免を望む被疑者・被告人が、事件と無関係の「他人」を巻き込んで偽証する可能性も否定できない。捜査機関が偽証に気付かずに捜査をし、その「他人」を逮捕・起訴すれば、冤罪が生まれる。

さらには、ゴーン事件のように、捜査機関が標的にした人物を有罪にするために、罪を犯してもいない人に司法取引を強要して偽証させることさえもできる。

また、捜査機関が事件の情報を得るために、被疑者や被告人に司法取引を持ち掛けて、利益誘導することも考えられる。

検察が、一つの大きな武器として司法取引制度を濫用する危険性は、かなり高いと言わざるを得ない。

デジタルな証拠の問題点

手書きのメモやスケジュール表を作る人は非常に少なくなった。たいていはパソコンやスマートフォン（以下、スマホ）を使っている。検察が真っ先に押さえるのも、弁護側が証拠保全しなくてはいけないのも、パソコンとスマホである。そこに入っているメールやLINEのやりとりのデータは、非常に有力な証拠だからだ。

こうしたデータは、一見、客観的な証拠のように思えるが、供述調書と違って何通りかの解釈が可能なものが多数ある。検察は、それらに特定の意味づけをして、供述調書の内容を裏付ける証拠にすることがある。しかも、それをトータルで証拠として開示するのではなく、検察にとって有利に使えるものだけを選んで、部分的に開示する。裁判所は、意外とそれに騙されてしまい、客観的証拠だから信用できると判断することが多い。

その一方で、秋元司IR汚職事件の一審では、秋元氏のスマホの「ヘルスケアアプリ」が分単位で記録していた彼の行動履歴のデータが、証拠として採用されなかった。

デジタルな証拠には、検察に悪用されやすいということだけでなく、さまざまな問題点がある。以下に、秋元氏の事件を例として、いくつかの問題点について検討してみよう。

①押収されたスマホから特定のデータが消えている

検察に押収されていた秋元氏のスマホからは、通話記録データが大量に消えていた。

一般的に考えて、電子機器のことがよくわからない検察官が、押収したスマホやパソコンを触っているうちに、操作を誤ってデータを消してしまうということは、まずありえない。故意か過失かはわからないが、もし意図的に消したのであれば、証拠隠滅で処罰の対象になる。

②デジタルな証拠が不当に過小評価されることもある

検察側の主張では、秋元氏は二〇一七年九月二八日の一三時三〇分～四五分に議員会館で「500社」の紺野氏と仲里氏に面会して現金三〇〇万円を受け取ったあと、一三時五五分頃に国交省庁舎の四階にある副大臣室へ戻った、とされている。この主張に基づけば、その間に秋元氏は、かなりの徒歩移動をしたことになる。

しかし、一三時四〇分～一四時二〇分のあいだ、秋元氏のヘルスケアアプリはずっと停止しており、彼がまったく動いていなかったことを示している。

秋元氏の主張によると、その日は一三時四〇分頃に国交省の副大臣室に到着し、その後は執務席に座っていた。一三時五五分から、執務室で海上保安庁の表敬訪問を受けた。このときの写真は海上保安庁のホームページに掲載されており、写真に映り込んでいる時計の針は一三時五七分を示している（P223の写真）。一四時には地元・江東区の江東西青色申告会の人たちと執務室で面談した。そのときに申告会の方が撮影した写真には、テーブル

13：57を指している
（13：55セレモニー開始）

海上保安庁のホームページに掲載された写真

海上保安庁のセレモニーや、それにかかわる打ち合わせの時間を考慮したとき、特捜部が主張する「13：55国交省玄関到着説」はかなり無理がある

（秋元司氏の著書『事実無根　私はこうして特捜に嵌められた』〈徳間書店〉より転載）

の上に置かれた秋元氏のスマホが映っている。一四時二〇分頃にスマホに着信があり、秋元氏が応答するまで、スマホはテーブルの上に置かれたままだった(P225の写真)。

秋元氏のヘルスケアアプリのデータを細かく見ていくと、秋元氏が主張する自身の行動履歴と一致している一方で、検察側が主張する秋元氏の行動とは一致しない点がいくつもある。一三時四〇分頃に秋元氏が国交省の副大臣室にいたとすると、一三時三〇分~四五分に紺野・仲里両氏と議員会館で面談してお金を受け取ることは時間的に不可能だ。

秋元氏のアリバイが立証されれば、検察の前提が崩れるので、裁判ではこの点が大きな争点になっている。秋元氏側が同じヘルスケアアプリを使って再現実験した結果、検察の主張する動きでは歩数が合わなかった。秋元氏側は、再現実験のデータを証拠として提出した。秋元氏側にとってはかなり有利な証拠だと思うが、一審裁判所は、「ヘルスケアアプリはどこまで信用できるかわからない」と判断し、証拠として採用しなかった。

普通に考えれば、紺野・仲里両氏の供述や証言は、いくらでもあとから検察が作れるものであり、秋元氏のヘルスケアアプリのデータは、それよりもはるかに客観性がある。米国アップル社が開発し、iPhoneに標準装備されているアプリが、「どこまで信用できるかわからない」のであれば、ほとんどの先端技術はダメだということになってしまう。

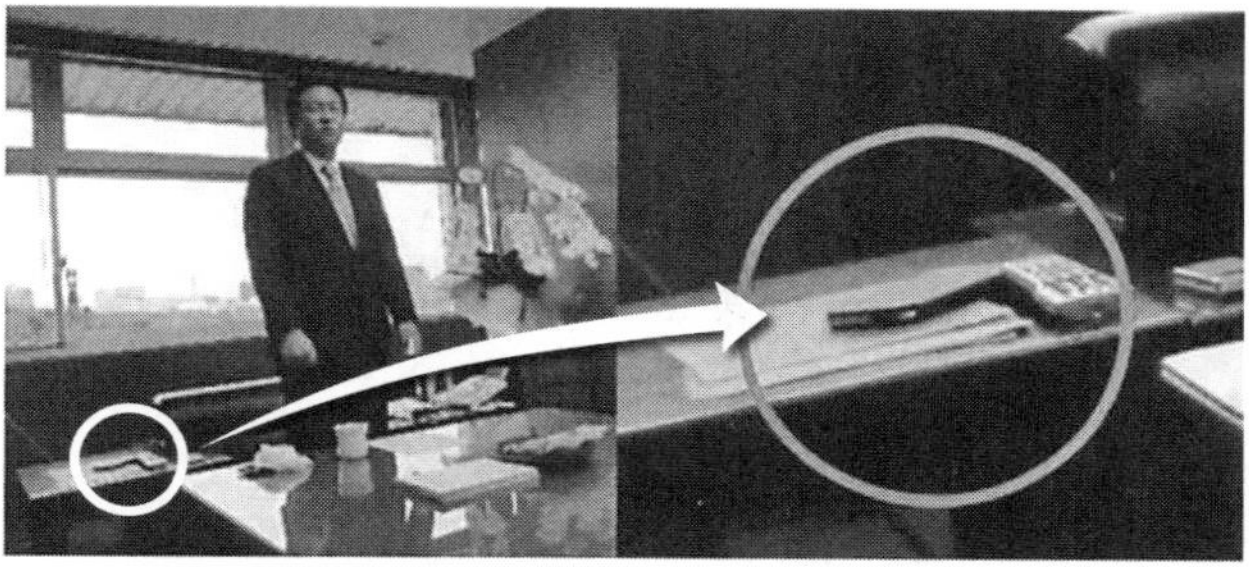

江東西青色申告会のメンバーが撮影した写真

実際のヘルスケアアプリの記録

ヘルスケアアプリは細かくスマホの動きを計測している。13：40〜14：20の間、秋元氏は副大臣室内のテーブルにスマホを置いたため、スマホがまったく動いていないことを示している

「ヘルスケアアプリ」とは米・アップル社が開発した、動いたり歩いたりといった人間の行動を分単位で記録するアプリのこと
（秋元司氏の著書『事実無根　私はこうして特捜に嵌められた』〈徳間書店〉より転載）

③延長が望まれる防犯カメラ映像の保存期間

現金の授受があったとされる一七年九月二八日に、秋元氏が議員会館に行ったかどうかは、議員会館に設置されている防犯カメラの映像が残っていれば、すぐにわかる。

しかし、秋元氏が逮捕されたのは一九年末のことであり、その映像はもうなかった。防犯カメラの映像は、特別に長期保存すると決めていない限りは、何ヵ月かたつと消えるように設定されているからだ。

防犯カメラの設置者は、何年かあとにこの映像が事件の証拠として使われるかもしれないとは考えていないだろうから、しかたない面もある。だが、一〇年四月二七日に施行された改正刑訴法により、刑事事件の公訴時効期間は延長されている（殺人事件は時効廃止）。一方で時効期間を延長しておきながら、一方では防犯カメラ映像の保存期間を延ばさないために客観的証拠が全部消えてしまうというのは、おかしな話だと思う。

「疑わしきは被告人の利益に」という原則に基づけば、本来なら無罪を立証できるはずの絶対的・客観的証拠が時間の経過によって消えてしまった場合、裁判所は、もう少し被告人の利益を考慮していいように思う。

④自己防衛としてのデータ保存はどこまで可能か

以上のようなことから言えるのは、これからは手書き資料のほかに、メールやＬＩＮＥの履歴、スマホに入っている自分の位置情報や行動履歴なども、すべてコピーしておくほうがいいということである。こうした電子情報は、事件があった場合の有力な証拠になると思う。

家宅捜索は突然くるので、その時点でデータを保存しようとしても手遅れだし、捜査員もそんな操作はさせてくれない。

「いつか刑事事件に巻き込まれるかもしれない」と常に意識して生活するわけにはいかないので、日頃から自分でデータをバックアップしておくのはかなり難しいとは思うが、そうしておかないと、いざ検察から「出せ」と言われたとき、自衛策のとりようがない。

世の中が便利になって、きちんとした証拠になるものが増えたようなイメージがあるが、スマホやパソコンのデータ、防犯カメラの映像などは、保存期間が過ぎて消えてしまえば証拠として使えない。結局、残るのは供述だけということになるが、供述というのは検察がいくらでも意のままに作れる。自衛策を講じておかないと、自分が被告人になった場合、不利益になってしまうのである。

改正通信傍受法とGPS捜査にも懸念が

検察による悪用が懸念されるものの一つに、いわゆる通信傍受法の改正がある。従来、捜査機関による通信傍受（電話の盗聴など）は、通信事業者の施設において、通信事業者職員の常時立ち会いのもとで行うことが義務付けられていたため、捜査員を相当期間、通信事業者の施設に派遣する必要があった。

二〇一九年六月一日に施行された改正通信傍受法では、通信事業者から暗号化して送信されてくる傍受対象通信のデータを、捜査機関の施設で受信して復号化する（元のデータに復元して読み取り可能にする）場合、通信事業者の立ち会いが不要となった。傍受手続きが簡易化されたことで、犯罪と無関係な通信の傍受がますます増えることが懸念されているが、これに対する防止策は講じられていない。

もう一つ、将来的に問題になりそうなのは、GPSを用いた捜査である。

ある窃盗事件で、警察が裁判所の令状を取らずに、捜査対象者の車両にGPS端末を取り付けて捜査をした。一七年三月、この窃盗事件の上告審判決で、最高裁大法廷（寺田逸郎裁判長）は、裁判所の令状を取らずに捜査対象者の車両にGPS端末を取り付ける捜査について、「プライバシーを侵害し、令状が必要な強制捜査にあたる」と認定し、違法とする初の判断を示した。検察や警察にとっては、かなりきつい判断である。検察・警察は、なんとかしてGPSをもっと有利に利用したいと思っているはずだ。

なお、この裁判で最高裁は、GPSを用いた捜査を現行の刑訴法の令状で行うことには疑義があるとして、新たな立法措置が望ましいと指摘した。

新たな立法措置がどういうものになるかはわからないが、仮に将来、捜査におけるGPSの運用基準が刑訴法に追加されたとしても、また「焼け太り」になってしまうのではないか。検察が新たな立法措置を「善用」するということは、少なくとも、これまでにはなかったことなので、こういう心配をせざるを得ないのである。

検察首脳の「調書重視」発言

前述した「法制審議会　第五回会議」に出席したときのことである。村木厚子事件について、ある検察官が私との立ち話のなかでこう言った。

「村木さんは有罪になるものだと思っていました。〝入口〟と〝出口〟とがしっかりしていて固い事件と思っていたのですが……」

〝入口〟とは、石井一議員への口利き要請を認めた「凛の会」の倉沢氏の供述と、石井議員の要請を受けて部下の村木さんへ便宜を図るよう指示したとする塩田氏の供述。〝出口〟とは、村木さんに指示されて偽の証明書を作ったという上村氏の供述と、村木さんから偽の証明書を渡されたとする倉沢氏供述のことだ。これらの供述があるのだから、村木さんの自白などなくても、彼女を有罪にするには何の妨げにもならなかった、という意味の言葉である。

この発言の主は、当時、法務大臣官房長として検察改革に関わっていた黒川弘務《くろかわひろむ》氏だ。のちに東京高検検事長となったが、麻雀賭博をしていた事実が判明し、検察庁を退職した方である。

検察の上層部までがこのようなことを言うのだから、現場で捜査に当たる検事たちは、皆、そう思っていただろう。それにしても、法制審議会で検察の捜査の在り方について議論する段階になっても、検察上層部が調書重視の姿勢であることは衝撃的であった。

検察には「検察官同一体《どういったい》の原則」があり、なにごとも上に報告し、上の許可を得て動くようになっている。特捜事件の場合は、最高検まで報告が上がり、最高検が起訴するか不起訴にするかの判断をする。

ただ、実際にどのようにして供述調書を作ってサインさせたかを知っているのは、取り調べ検察官だけである。仮に、威迫や誘導で事実と異なる調書を作っていたとしても、その調書は「成果物」として検察庁の中を流通していく。それは、他の取り調べ検察官にとって参考資料となるとともに、主任検事から特捜部長へと上がっていく。

さらに、地検トップの検事正、高検、最高検へと順次報告が上がり、その事件についての方針決定を下す重要資料となっていく。下からの報告は、上に行けば行くほど抽象的になるのが組織の常で、検事正や高検トップの検事長であれば、報告書レベルでしか把握できていない。

そのため、検察首脳の判断をも誤らせることとなり、「〝入口〟と〝出口〟を固めたのなら、真ん中にいる奴は確実に有罪だ。相手がなんと言おうが関係ない、行け！」ということになる。いわば、検察の総意として誤った判断をしてしまうわけである。

勝つことに貪欲な特捜部は、「相手を有罪にするためには手段を選ばない」という過ちを犯してしまうことになる。自分たちの見立ては間違っているのではないかと疑問を抱く柔軟性を持ち、客観的証拠を重視する姿勢に転じない限り、同じ過ちは避けられないだろう。

残念なことに、近年、大阪地検特捜部は、村木事件と同じ過ちを繰り返してしまった。次項で述べる「プレサンスコーポレーション事件」が、それである。

特捜検察の体質は変わっていない

二〇一九年、大阪の学校法人「明浄学院《めいじょうがくいん》」の土地売買代金をめぐる二一億円の業務上横領容疑で、不動産会社プレサンスコーポレーション（大阪市）の山岸忍《やまぎししのぶ》社長や部下らが、大阪地検特捜部に逮捕・起訴された。

特捜部は、まず部下らを逮捕し、「山岸社長と共謀して横領した」とする供述調書を取り、その供述調書に基づいて山岸氏を逮捕・起訴した。一貫して無実を主張した山岸氏は、保釈請求を五回却下され、勾留期間は二四八日間に及んだ。

山岸氏の公判では、部下らに対する取り調べ映像が検討された。その結果、担当検事が「この事件でお前が果たした役割は、共犯になるのかというようなかわいいもんじゃない。プレサンスの評判を貶《おとし》めた大罪人だ。風評被害で会社が被った損害を賠償できるのか。一〇億、二〇億じゃ済まないぞ。それを背負う覚悟で話をしているのか」「罪を認めないと刑の重さが変わるぞ」などと言って供述調書を取っていたことが明らかになった。

大阪地裁は、部下らの供述について、威迫・誘導によるものである可能性を否定できないと判断して証拠として採用せず、山岸氏に無罪判決を下した。また、取り調べにおける担当検事の発言について、「必要以上に強く責任を感じさせ、その責任を免れようとして真実とは異なる内容の供述に及ぶことにつき強い動機を生じさせかねない」と非難。検察は控訴を断念し、山岸氏の無罪が確定した。

大阪地検特捜部は、自分たちの見立てに固執し、事件関係者から強引に供述調書を取って被告人を有罪にするための証人に仕立て上げるという過ちを、またしても犯してしまった。村木厚子事件から一〇年以上が過ぎ、検察官も世代交代しているはずなのに、その体質は何ら変わっていないと言わざるを得ない。特捜検察とは、どんなにミスをしても、本当の意味での反省は絶対にしない組織なのであろうか。

もちろん、「真実を明らかにする」という使命感から法曹資格を取り、検察庁に入った人は、たくさんいると思う。しかし、そういう良心的な人は、組織の論理になじめず辞めていくか、抵抗して飛ばされるか、というのが世の常だ。頑張って出世しようとする人は、組織の論理に従っていくしかないのだろう。

なお、無罪が確定した山岸氏は、二〇二二年に、担当検事二名が違法な取り調べをしたとして特別公務員暴行陵虐により刑事告発したが、不起訴とされたため、刑事裁判で審理するよう求める「付審判《ふしんぱん》請求」を大阪地裁に申し立てた。しかし、この請求も棄却され、山岸氏は二三年四月七日、大阪高裁に抗告した。

法制審議会の議論は何のためにあったのか

カルロス・ゴーン氏が「金商法事件」で最初に逮捕されたあと、勾留期間の延長や取り調べに弁護人が立ち会えないことなどについて、「人権軽視」との指摘が海外メディアからあったことは、すでに述べた。

こうした指摘について、東京地検の久木元伸《くきもとしん》次席検事は、記者会見で、「それぞれの国にそれぞれの歴史や法制度があり、自分の国と異なることを理由に批判するのは妥当ではない」と語り、さらに、ゴーン氏の勾留について、「無用に長期間の身柄拘束をする意図はない」と述べたと報じられた。

結果として、ゴーン氏は、実体のない事件によって計四回も逮捕され、通算一三〇日間も身柄を拘束された。そのうえ、保釈後も妻との面会さえも禁じられるという卑劣な「人質司法」の犠牲となった。法制審議会での約三年間の議論は、いったい何のためにあったのかと思わざるを得ない。

ゴーン氏が最初に逮捕された当時、内田博文《うちだひろふみ》九州大学名誉教授〈専門は刑事法学〈人権〉・近代刑法史研究。現・国立ハンセン病資料館館長〉は、人質司法についてのメディアからの取材に対して、「戦後の混乱期の応急処置で人権より治安が優先され、検察の権限が強くなったまま現在に至る」と、歴史的背景を説明していた。

このような歴史を「批判するのは妥当ではない」とした久木元次席検事は、その後、検事正に昇進して東京地検のトップとなった。

「大半無罪」だったケリー氏の一審判決を検討する

二〇二二年三月三日、カルロス・ゴーン氏の「金商法事件」（有価証券報告書の虚偽記載）でゴーン氏の共犯とされたグレッグ・ケリー元日産自動車代表取締役に対し、東京地裁（下津健司裁判長）は、懲役六ヵ月・執行猶予三年の判決を言い渡した。

以下は、判決文を読んでの私の疑問や感想である。

①初めに有罪ありきで「未払い報酬」の存在を認定？

検察側の主張は、「ケリー氏は、ゴーン氏と大沼秘書室長との三人で共謀のうえ、二〇一〇～一七年度のゴーン氏の報酬が計約一七〇億円だったのに、一部の支払いを延期し、有価証券報告書には各年度に支払った計約七九億円のみを記載し、残りの約九一億円は退任後に支払う未払い報酬にして開示を免れた」というものであった。

ケリー弁護団は、検察が主張する「未払い報酬」は存在しないと主張した。ゴーン氏の公判が行われていれば、ゴーン弁護団も同様の主張をするはずであった。

しかし、裁判所は、「未払の報酬は、現実に金銭等の動きがなく、その存在を把握することが困難であることから、①当該年度に所定の手続に従ってその額が決定され、②将来支払われるものとして継続的に管理されているものであれば、これを開示することが必要であるというべきである」（傍線は筆者が付したもの）として、二〇一〇〜一七年度のすべてに、ゴーン氏には開示義務のある「未払い報酬」が存在したと認定した。

私は、裁判所のこの判断は基本的に間違いではないかと思う。

まず、傍線部①についてだが、ゴーン氏は、自分の報酬額があまり高額だと世論の批判を招くと考え、自分の報酬として妥当と考える額よりも、一〇億円ぐらい少ない額を決定し、経理部にも連絡させたうえで公表していた。

話をわかりやすくするために、ゴーン氏が自分の報酬として妥当と考えた額が二〇億円だと仮定しよう。彼は、それより一〇億円少ない額を自身の報酬として決定したのだから、「所定の手続きに従って決定された額」は一〇億円である。

役員報酬を決定する権限を有していたゴーン氏が、その権限を行使して自身の報酬を一〇億円と決めた場合、報酬額は一〇億円で動かない。あとから「本来の報酬額は二〇億円なので、残りの一〇億円をもらいたい」などということは通用しない。

いくら大きな権限を持っていても、権限を行使して何かを決定して表明した瞬間に、自分もその決定に縛られるからだ。これを羈束力《きそくりょく》という。羈束とは「束縛して自由を得させないこと」で、裁量と反対の概念といえる。

たとえば、裁判所には判決を下す権限がある。その権限を行使して、いったん判決を下した裁判所は、原則として自らその判決を取り消したり撤回したりすることができない。また、総理大臣が国会を解散する権限を行使して解散を表明したら、あとからその決定を覆すことはできない。それが権限というものである。

ゴーン氏が、本来の報酬より一〇億円少ないのは残念だから、それに見合う利益を、報酬ではない何かの形でもらえないだろうか、と思っていたのは事実かもしれない。そういうことはよくあるだろう。「俺は今年ずいぶん働いたから一〇〇〇万円ぐらいほしいところだが、会社の事情で半分しかもらえない。それは悔しいから、将来会社が儲かったとき、埋め合わせにもっともらおう」と内心で思ったとしても、罪にはならない。

ゴーン氏の場合、退職金に報酬の不足分を割り増しすることも模索していた。仮にそうなった場合には、退職金で割り増しをした時点で、税金のことや開示も含めて処理すればいい話である。「将来、退職金で報酬の不足分をもらおうか」と内心で思ったからといって、そのお金をもらってもいない時期に、報酬額として公表する必要などあるわけがない。

傍線②についても、ゴーン氏が秘書と二人で、将来もらいたい額の数字を記録として並べていただけの話である。経理部や取締役会などのしかるべき機関によって「将来支払われるものとして継続的に管理されているもの」とは、とうてい言えない。

ケリー氏の一審判決では、そこのところを混同していると思う。「事件を有罪方向に導く」という結論を先に決め、その結論に一般論を無理やり当てはめた感がある。

②なぜ一七年度分だけは有罪とされたのか

この判決では、ゴーン氏の二〇一〇～一六年度分の「未払い報酬」について、ケリー氏は認識していなかったと認定され、無罪とされたが、一七年度分だけは有罪とされた。

一八年六月二七日に行われた日産の大沼秘書室長とハリ・ナダ専務執行役員（のちに日産に取り込まれて検察との司法取引に応じた人たち）との打ち合わせの際に、ゴーン氏の退職金と未払い報酬に関する社内文書を見せられて、一七年度の有価証券報告書の記載との矛盾に気付いていたはずだから有罪である、とされたのである。

この社内文書には、未払い報酬の額や、退職金に報酬の不足分を割り増ししてゴーン氏に支払うことなどが記載されていたという。しかし、これまで述べてきたように、ゴーン氏はそのお金をもらっていないし、もらうことが決まっていたわけではないから、その社内文書を見たからといって、ケリー氏が有価証券報告書をただちに訂正しなければいけないと認識するはずがない。

どうしてこの程度のことを有罪にしたのか、よくわからないが、特捜事件に限らず、裁判官には無罪判決を書きたがらない傾向がある。無罪判決を書くと、いろいろなところから批判されることもあるからだ。一部だけでも有罪にすれば無罪判決にはならないから、その点では安心できるのかもしれない。

③潰された論点「虚偽記載なのか、不記載なのか」

ケリー弁護団は、公判で、仮に有価証券報告書に記載されていないゴーン氏の未払い報酬があったとしても、刑事罰が科される「虚偽記載」ではなく、行政処分の対象にとどまる「不記載」にすぎないと主張した。

この問題については、東京大学社会科学研究所の田中亘《たなかわたる》教授（専門は商法・社会法など）が弁護側証人として出廷した。もともと、田中教授はゴーン弁護団が見つけてきた証人で、ゴーン氏の裁判が行われていれば、そちらにも弁護側証人として出廷していたはずだ。

田中教授は証人尋問で、「記載されている金額は、文字通り、現に支払われた報酬を意味する。未払い報酬額を記載していないことは虚偽記載とは言えず、不記載にとどまる」との見解を示した。この見解をめぐり、反対尋問では、田中教授と検察官とのあいだで、五時間にわたる議論が展開したと報じられた。

裁判所は、これでは水掛け論的になると判断したのか、この論点を潰して、「未払い報酬も記載しないと、有価証券報告書を読んだ投資者は、ゴーン氏の報酬欄は未払いの報酬も含むものだと誤解してしまう可能性がある」などとして、不記載ではなく虚偽記載であると認定した。この判断は間違っていると思う。

④司法取引には慎重な判断

ケリー氏の裁判では、検察と司法取引をして不起訴になった大沼氏とハリ・ナダ氏の証言の信用性も争点となった。弁護側は、本件の最大の証人である大沼元秘書室長の証言について、虚偽であり、無関係な第三者を陥れる「巻き込み」の典型例だと訴えた。

一方、検察側は、大沼証言は客観証拠とも矛盾せず、信用性は高いと主張した。「大沼氏を完全に取り込んだから、これでなんとか勝てる」と思っていたはずだ。

しかし、裁判所と検察官との常識には温度差がある。東京地裁は、司法取引に応じた大沼氏が不起訴という有利な扱いを受けたことから、「検察官の意向に沿う証言をする危険性は払拭されない」と指摘し、客観証拠や信用できる第三者の供述などの裏付け証拠がなければ信用性は認められないとの判断を示した。

司法取引について裁判所が慎重な構えを示したことは、よかったと思う。判決文の至るところに、本件の司法取引はおよそ信用できないとする主旨の文言が出てくるから、下津裁判長も日本版司法取引について、かなり疑問を持っているのだろう。

検察の立場からすれば、せっかく司法取引をして共犯者から供述を得ても、裁判所から「信用性が薄い」とされてしまうと、司法取引の意味がなくなってしまう。一審の判断に対して、東京地検の森本宏次席検事は、「屈辱だ。裁判所は司法取引をやらせたくないのか」とコメントしたと報じられた（「週刊文春デジタル」二二年七月二八日）。

屈辱と感じるのは自由だが、森本氏のコメントは二つの点で間違っている。

一つは、先に述べたとおり、特捜部が本件において司法取引制度を濫用したことだ。もともと日本版司法取引は冤罪を生みやすい構造であるうえ、さらに本件では事件を作るために悪用されたのだから、二重にいびつな構造になっている。そのような司法取引に基づく証言の信用性が乏しいと判断されるのは、当然である。

なお、仮に司法取引が適正に行われたとしても、司法取引として成り立つことと、その場合の証言に信用性が薄いこととは、矛盾するものではない。

＊

今回の裁判でケリー氏は「大半無罪」となったわけだが、ケリー氏側・検察側の双方が判決を不服として控訴した。今後は、司法取引について控訴審で検討されることになるが、東京高裁では地裁ほど厳しい認定にはならない可能性もある。法制度の問題になるので、おそらく最高裁まで行くのではないかと思われる。司法取引についての判例はほとんどないので、重大な判決になるだろう。

特捜部の大暴走——事務所の家宅捜索

ゴーン氏が中東レバノンに逃亡後、法律事務所ヒロナカは、二度にわたり東京地検特捜部により家宅捜索された。いずれも、私が不在のときを狙ってのものであった。

一度目は二〇二〇年一月八日で、特捜部の検事たちは、私の事務所でゴーン氏が使用していたパソコンの捜索差押令状を示し、事務所に立ち入る旨を申し出た。事務所の弁護士が正面入口のドアの外で応対し、押収拒絶権を行使し、事務所への立ち入りも拒否した。一時間ほど押し問答が続いたあと、検事らは諦めて引き上げていった。

二度目は一月二九日だった。特捜部の検察官らは、午前一〇時頃に大挙して事務所に押しかけ、「ゴーン氏の海外逃亡事件の関係先」として捜索差押令状を呈示した。差押対象として、ゴーン氏が使用していたパソコンのほか、ゴーン氏の面会簿、メモ、手帳、領収書、パソコン、DVD、USB、住所録など、膨大な数に上るものが列挙されていた。

前回同様、事務所の弁護士らは正面入口ドアの外で入室を拒否し続けた。一時間半ほどすると、検察官らは、内側からは鍵の開け閉めができないようにしてあった裏口のドアを勝手に開錠し、事務所内へ侵入するという暴挙に出た。十数人の検察官が裏口のドアからなだれこみ、内側から施錠しておいた正面入口のドアの鍵も開けた。

廊下での押し問答が続くなか、検察官は、「これ以上拒否するなら強行しますよ」と言った。「物理的に抵抗すれば公務執行妨害だぞ」という脅し文句である。

検察官は、ゴーン氏が使っていた部屋に入ろうとしたが、我々が用心して施錠しておいたため、連れてきた鍵開けの業者に電動ドリルという暴力装置を使わせて鍵穴を破壊し、その部屋に侵入した。室内にある二つのキャビネットにも施錠しておいたが、それも業者にピッキングまがいのことをさせて無理やりこじ開けた。

キャビネットの一つには、公判準備のために使っていた資料が入っていた。もちろん弁護士らは、「これは押収拒絶対象物なので、押収拒絶します」と、断固拒否した。

さらに検察官らは、事務所の職員が個人的に使っているキャビネットも業者を使って無理やりこじ開け、中のものを確認した。ゴーン氏以外の依頼者の事件記録などが置かれている弁護士らの執務室内にも侵入し、ファイルを眺め、ビデオ撮影するなどした。

検察官らは、再三の退去要請を無視し、約三時間半も事務所内に滞留した。

しかし結局、彼らが押収したのは、ゴーン氏の保釈条件の履行として裁判所に定期的に提出していた面会簿の、手書きの原本だけだった。それについては、提出済みの資料と同内容なので秘密性がなく、提出に問題はなかったため、こちらは任意提出を申し入れたが、検察は無理やり「押収」の形をとって、提出した面会簿を持ち去った。

その日、私は、福岡で裁判があり、事務所の弁護士から家宅捜索の第一報を受けたのは、飛行機が羽田から福岡に向けて離陸する寸前だった。福岡空港に着くと、すぐチケットを買って羽田にトンボ返りしたが、事務所に戻ると、特捜部の検事たちはすでに引き上げていた。

二度にわたる家宅捜索の一番の目的は、ゴーン氏が使っていたパソコンだったと思う。パソコンやスマホは「情報の山」だから、検察はなんとしてでも押収しようとするのである。

概して特捜検事は、国会議員に対しても、省庁の役人に対しても、「自分たちは、いざとなったら捜査権を行使できるのだから、お前たちより上だ」という意識が強いようである。弁護士に対しても非常に高圧的で、すぐ「事務所にガサをかけるぞ」などと脅しをかけてくる。鈴木宗男事件では、一審の弁護士がそのために腰砕けとなってしまった。私自身、安部英医師薬害エイズ事件のとき、被疑者である安部氏の手帳を「見せろ！」と強く言われたことがある。弁護士に対するそういう脅しは、これまでに何度もあっただろう。

しかし、実際に家宅捜索を受けるというのは、めったにある話ではない。特捜部は、やろうと思えば何でもやってしまうということが、この事件でいっそう明白になった。異例中の異例のやり方に、日弁連や各弁護士会も猛反発し、抗議声明を出してくれた。

押収拒絶権の解釈を明確にした画期的判決

私を含む事務所の弁護士八名は、二〇年一二月二三日、特捜部による家宅捜索は刑事訴訟法に違反するきわめて悪質な違法行為であるとして、国に約三〇〇万円の損害賠償を求める国賠訴訟を東京地裁に提起した。この事件を契機として押収拒絶権の位置付けを明確化し、違法な捜査を防ぐ必要があると考えたのである。

二二年七月二九日の東京地裁（古田《ふるた》孝夫《たかお》裁判長）の判決では、賠償請求は棄却されたが、判決内容としては勝訴であった。古田裁判長は、東京地検特捜部の家宅捜索について「刑事訴訟法で規定する押収拒絶権の趣旨に反する」との判断を示し、面会記録などはすでに裁判所に提出されており、捜索の必要はなかったと指摘。関係者の所有物について「押収拒絶権が及び、捜索は正当化できない」と認定したのである。

刑訴法の条文では、医師や弁護士などが業務上の委託を受けて保管している他人の秘密に関するものについて、押収を拒絶できる旨を規定しているが、①どういう場合に押収を拒絶できるのか、②押収を拒絶できるだけで捜索は拒絶できないのか、という二つの問題は、条文だけでははっきりしておらず、前例が少ないため、いろいろな考え方があった。

今回の判決で、①については、「当該対象物が秘密のものであるかどうかは、検察官や警察官ではなく、弁護士が判断をする（してよい）」と判断された。②については、「押収拒絶をすることによって押収するものがいっさいなくなるような場合には、捜索自体も拒否できる」と判断された。

つまり、弁護士のほうで「この部屋の中にあるものは全部秘密の対象ですからお断りします」と言えば、検察や警察は、押収はもとより捜索もできない、ということである。

画期的な判決であり、検察や警察も無視できないだろう（賠償請求自体は棄却されたので、国は控訴できなかった）。

検察も役所だから、このような前例をつくられてしまうと、やりたくてもできなくなる。弁護士事務所に対する捜索押収はきわめて難しくなり、「ガサ入れするぞ」という脅しも効かなくなるだろう。

そもそも、我々が提起した国賠訴訟の判決は突飛なものではなく、家宅捜索に関する主要な通説を、より具体化したものである。通説に裏付けられているという意味でも、判例として確立していくだろうと思っている。

＊

似たようなケースとして、警視庁案件の三浦和義《みうらかずよし》事件における「引き回し」がある。

疑惑の主に光る手錠

三浦逮捕

「狂乱の一年半」に幕

報道マイクに薄笑い

報道陣のカメラの放列のなか警視庁に連行された三浦和義 =12日午前0時28分

三浦を本格取り調べ 警視庁

経営資金調達狙う?

多額保険金の一美さん襲撃

自宅など捜索

三浦はなお容疑否認

「新宿移

都庁舎

三浦一美さん殴打事件で殺人未遂容疑により逮捕された三浦和義氏。警視庁は、新聞や雑誌のカメラマンが撮影しやすいよう三浦氏をゆっくりと「引き回し」た　（1985年9月12日付朝日新聞朝刊〈上〉、読売新聞夕刊〈下〉）

三浦和義事件は、一九八一年、ロサンゼルスに滞在中の三浦和義夫妻が何者かに銃撃され、約一年後に妻の一美さんが死亡した事案だ。三浦氏は、一美さんに対する殺人未遂（殴打事件）と殺人（銃撃事件）容疑で逮捕・起訴され、私は永年、三浦氏の弁護を担当した。

「殴打事件」で三浦氏を逮捕した刑事らは、警視庁前に詰めかけた五〇〇人近い報道陣の前を、手錠と腰縄を付けた三浦氏の顔や腕を毛布などで隠すこともせずにゆっくりと歩かせるという、江戸時代の市中引き回しのような連行方法をとった。

のちに我々弁護団は、警視庁の護送・連行方法は違法な人権侵害であるとして、東京都に対して三浦氏への慰謝料支払いなどを求める民事訴訟を起こした。結果的に時効として棄却されたが、東京地裁は判決のなかで、このような連行方法は「人権を侵害し違法である」と認めてくれた。

以後、警察は、容疑者の「引き回し」をいっさいやらなくなったのである。

第七章　さらなる暴走を食い止めるには

検察の裏金疑惑

二〇〇二年四月二二日、大阪高検公安部長の三井環《みついたまき》氏が、不動産入手をめぐる詐欺容疑などで大阪地検特捜部に逮捕されるという事件が起こった。

当時、検察庁には裏金疑惑が浮上していた。三井氏は、検察幹部が年間五億円以上の調査活動費（原資は国民の税金）を私的な飲食や麻雀、ゴルフなど遊興目的の裏金にしているとして、テレビの報道番組などで告発したのち、衆院法務委員会の証人喚問で証言しようとしていた。四月二二日は、テレビ朝日の報道番組「ザ・スクープ」で、ジャーナリストの鳥越俊太郎《とりごえしゅんたろう》氏が三井氏に告発インタビューを行い、ビデオ収録する予定だった。

ところが、その収録の数時間前、三井氏は自宅の玄関先で任意同行を求められ、そのまま逮捕されたのである。五億円超の裏金が国会で追及されれば、検察庁は崩壊してしまいかねない。危機的状況に陥った検察は、三井氏の逮捕により内部告発を水際で阻止したとも言える。この〝水際作戦〟には、のちに村木厚子さんの事件に絡む証拠隠滅問題で逮捕されることになる大坪弘道大阪地検特捜部長も、現場の一検事として関与していた。

ところで、鈴木宗男氏が「やまりん事件」で逮捕されたのは、三井氏の逮捕から約二ヵ月後の〇二年六月である。鈴木氏は、よく、このように言っていた。

「検察は、国民の目を裏金問題からそらすために私を逮捕したんです」

三井氏の逮捕劇は、露骨な「口封じ」として、マスコミの厳しい批判にさらされる可能性があった。前後の状況から考えて、検察は、国民やマスコミの関心を裏金問題から別の事件に転じさせるために、鈴木氏をスケープゴートにしたというのである。

それが本当なのかどうか、私にはわからない。ただ、特捜事件にはさまざまな政治的意図が見え隠れする、ということは確かだ。その意味では、鈴木氏の有罪が確定した上告棄却の時期についても、同様のことが言えるかもしれない。

最高裁が鈴木宗男事件の上告棄却の決定を出したのは、一〇年九月七日だった。無罪が確実視されていた村木厚子さんの判決（九月一〇日）の直前である。

この時期が持つ意味について、鈴木氏は次のように見ていた。

村木さんに無罪判決が出れば、検察の捜査に対する疑念と批判は当然高まる。そうなれば最高裁は、「国策捜査によって事件が作られた」という自分たちの主張を無視できなくなっただろう。村木さんの判決が九月一〇日に出るとわかっていたから、最高裁は「それよりも前に上告棄却の決定を出してしまおう」と考えたのではないか――。

実際には単なる偶然だったのかもしれないが、鈴木氏はこうも言っていた。

小泉純一郎政権、麻生太郎《あそうたろう》政権、菅直人政権における、検察をめぐる事案と主な特捜事件

小泉純一郎政権（2001年4月26日～2006年9月26日）

2002年	**4月22日**	**大阪地検特捜部、三井氏を逮捕**
	4月23日	原田明夫検事総長と森山真弓法相が会見で裏金の存在を全面否定
	4月30日	**東京地検特捜部が鈴木宗男氏の公設第一秘書を逮捕**
	6月19日	**鈴木宗男氏、「やまりん事件」で逮捕 ➡ 7月起訴（斡旋収賄）**
	8月1日	鈴木宗男氏、「島田建設事件」で再逮捕 ➡ 8月追起訴（受託収賄）
	9月13日	鈴木宗男氏、議院証言法違反・政治資金規正法違反で追起訴

麻生太郎政権（2008年9月24日～2009年9月16日）

2008年	8月	三井環氏の実刑判決確定 ➡ 法曹資格喪失 ➡ 同年10月収監

菅直人政権（2010年6月8日～2011年9月2日）

2010年	1月18日	三井氏、満期出所
	9月7日	**最高裁、鈴木宗男事件の上告を棄却 ➡ 衆院議員失職 ➡ 12月6日収監**
	9月10日	**村木厚子さんに無罪判決**
	9月14日	**民主党代表選　小沢氏、菅直人氏に敗れ菅直人改造内閣発足**
	9月21日	大阪地検特捜部、前田恒彦主任検事を証拠改竄で逮捕 ➡ 実刑判決、法曹資格喪失、収監　村木さんの無罪確定
	9月～10月	9月14日東京第五検察審査会、小沢氏の「起訴相当」を再度議決 ➡ 10月4日「起訴議決」を公表
	10月	大坪弘道元大阪地検特捜部長・佐賀元明元特捜副部長逮捕 ➡ 有罪判決確定
2011年	1月31日	小沢氏、強制起訴 ➡ 2012年11月12日無罪確定

「村木さんの判決が出て、特捜がいかにでたらめな捜査をやるかわかれば、最高裁も上告棄却をすべきか否かを考え直してくれたんじゃないだろうか」と。

他方で、この時期は、小沢一郎氏と菅直人氏が争った与党・民主党の代表選のさなかでもあった（投票日は一〇年九月一四日）。

代表選で小沢氏を支持していた鈴木氏の有罪が確定すれば「小沢潰し」が狙える、と考えた人たちがいたとしても、おかしくない。あるいは、その逆に、鈴木氏を衆院外務委員長に抜擢したのは小沢氏だったから、小沢政権が実現すれば鈴木氏の政治的影響力が強まって排除することが難しくなる、と危機感を募らせた人たちもいたかもしれない。

いずれにしても、鈴木宗男事件の上告棄却の決定が通常よりも早かったことが、さまざまの政治的意図を感じさせるということは確かだろう。

なお、大阪地検特捜部に逮捕された三井環氏は、収賄罪や公務員職権濫用罪で起訴されて懲戒免職となり、一五回に及ぶ保釈請求の末、逮捕から一一ヵ月後にようやく保釈となった。裁判では、事件はでっちあげで裏金告発の口封じのためであるとして無実を主張し、最高裁まで争ったが、〇八年に懲役一年八ヵ月、追徴金約二二万円の実刑判決が確定した。三井氏は法曹資格を失い、大阪拘置所に収監。一〇年一月に満期出所した。

特捜検察はなぜ「巨悪」を追わなくなったのか

ロッキード事件では、田中角栄前総理が計五億円の受託収賄罪で起訴された。東京佐川急便事件の起訴総額は、九五二億円であった。

一方、秋元司元衆院議員のＩＲ汚職事件は、計七六〇万円相当の収賄だ。渡辺典子広島県議は、河井克行元法相から受領した寄付金一〇万円が問題とされている。河井氏自身の事件では、選挙カーのウグイス嬢に一万五〇〇〇円余計に払ったことも問題にされている。これは、もちろんルール違反ではあるが、「巨悪」とは言えない。

近時、特捜部が扱う贈収賄事件の金額的規模は、「特捜検察は巨悪を討つ」という昔のレベルと比べて小さくなっている。ありていに言えば「セコい案件」が多い。

しかし、「セコい案件」は恣意的に使える。「この程度のことであの人が起訴されるなら、自分も起訴されるかもしれない」と思わせることができる。特捜が叩いてホコリのまったく出ない人は、あまりいないだろうから、恐怖感を与えるには効果的である。

それにしても、特捜事件が昔と比べて「小粒」になったのはなぜなのか。

これはあくまでも私の想像だが、ロッキード事件で「特捜部は正義の味方」と世の中にもてはやされた〝成功体験〟があるため、そのイメージを維持したい気持ちが彼らにはあるのではないだろうか。韓国やアメリカを見ると、現職の大統領や元大統領さえ検察に挙げられている。検察という大きな力を持つ捜査機関が、「巨悪を討って喝采を浴びる」という要素が、民主主義的な国家にはあるのかもしれない。

日本の特捜検察としては、現職や元職の総理大臣を挙げるような事件だけをやって、「特捜の威力」を国民に示していければいいのだろうが、現実には、都合よくそういう大きな事件があるわけではない。そのため、総理大臣クラスに比べるとワンランクかツーランク下の政治家の事案を取り上げ、無理をしてでも事件化して「大事件」であるかのように仕立て上げるということを、一生懸命やるようになったのかもしれない。

あるいは、「巨悪」を追いたくても追えない事情があるのかもしれない。

かつて、検察と政権との関係はかなり対立的だった。ロッキード事件にしても、特捜部が自民党政権の「暗部」に切り込む形の事件であった。しかし、その後、ある時期から両者が繋がり、検察が政権の意向を忖度して動くようになったようにも思える。

前出の三井環氏によれば、検察が裏金問題を封じ込めるために、当時の自民党政権に大きな借りを作ったからだという。以下は、三井氏が著書などで述べていることである。

当初、三井氏は、地方のメディアを通じて裏金問題を匿名で告発していた。検察幹部は、裏金問題がマスメディアで問題にされれば組織が崩壊すると考えた。そこで、当時の原田《はらだ》明夫《あきお》検事総長は、法務事務次官と法務省刑事局長を伴い、自民党の重鎮である後藤田《ごとうだ》正晴《まさはる》元法務大臣のもとを訪ね、「このままでは検察が潰れてしまいます」と訴えた。

話を受けた後藤田氏が小泉純一郎内閣に働きかけた結果、検察は裏金問題の「封印」に成功したが、自民党政権に大きな借りを作ってしまった。以後、検察は官邸に手綱を握られるようになり、たとえ告発されても現職の総理大臣を挙げるようなことをやらなくなった。

権力の不正を追及するはずの検察は、本来果たすべき役割を見失い、「けもの道」を行ってしまった——。三井氏は、このように論じている。

＊

こうした裏事情について、私は知る立場にはないが、近年、政権が検察首脳の人事に介入しようとして問題になったことは事実だ。いわゆる「検察官の定年延長問題」である。

二〇二〇年、安倍晋三《あべしんぞう》政権は、六三歳の定年間近に東京高検検事長に就任した黒川弘務氏について、定年後の勤務を延長させる異例の人事を閣議決定した。黒川氏は「政権に近い」と噂されていたため、「政府はいずれ黒川氏を検事総長に据えるつもりではないか」と野党は反発した。それに対抗するかのように、政権は、政府の裁量で検察幹部の定年後の勤務を延長できるとする規定を盛り込んだ検察庁法改正案を上程した。

すると一般市民から激しい批判が湧き起こり、検察庁法改正案に抗議するオンラインデモが拡大。政権の支持率は急降下し、この法案は撤回された。一方、「定年延長問題」の渦《か》中《ちゅう》にあった黒川氏は、自身の麻雀賭博行為が報じられたことにより、検察庁を退職した。

その後、政府は、裁量部分を削除した法案を再提出し、可決された。二三年四月に施行された改正検察庁法により、検察官の定年は、従来の六三歳から六五歳に引き上げられた。なお、次長検事および検事長は、年齢が六三歳に達すると、検事総長を補佐する最高検次長検事や、高検検事長、各地検トップの検事正などの要職には原則として就けなくなる。いわば、企業の「役職定年制」（一定以上の年齢になると管理職から退かなければならない制度）と同様である。

ただし、改正検察庁法には抜け道があり、人事権を持つ政府や法相が「職務の遂行上の特別の事情」があると判断すれば、特例措置として六三歳以降も、右に挙げたような要職を続けられる例外規定がある。すなわち、今後、黒川氏のような問題が起きた場合、これを法律的に止めることはできなくなってしまったということである。

危険な要素のある侮辱罪の厳罰化

二〇二二年七月七日、公然と人を侮辱した行為に適用される侮辱罪を厳罰化した改正刑法が施行された。

それまでの侮辱罪の法定刑は、「三〇日未満の拘留または一万円未満の科料」が上限とされ、刑法の罰則としては最も軽かったが、改正刑法では、新たに懲役刑と禁錮刑、罰金刑が加わり、法定刑の上限が「一年以下の懲役若《も》しくは禁錮若しくは三十万円以下の罰金」に引き上げられたのである。

また、改正前の侮辱罪では、侮辱行為について教唆あるいは幇助《ほうじょ》した者の処罰は制限されていた。刑法第六四条では、拘留または科料のみに処される罪の場合、「教唆者及び従犯は、特別の規定がなければ、罰しない」とされているからだ。法定刑の引き上げにより、この制限が適用されなくなったため、侮辱の「教唆者及び従犯」の処罰も可能になった。公訴時効期間も、従来の一年から三年に延長された。

名誉毀損罪と侮辱罪は、いずれも告訴がなければ公訴を提起することができない親告罪であるが、両者の内容は似て非なるものである。

名誉毀損罪は、公然と事実を摘示し、人の名誉を毀損した者に適用される。ただし、その事実を摘示することに公共の利益があり、かつ、摘示した内容に真実と思うだけの根拠(真実相当性)があることを自ら証明すれば、名誉毀損の責任を負うことはない、という特例が設けられている。つまり、名誉毀損で訴えられた人は抗弁ができるということだ。

一方、侮辱罪は、具体的な事実の摘示がなくても、公然と人を侮辱した者に適用される。しかも、公共の利害に関する特例が設けられていないため、侮辱罪で訴えられた人は抗弁ができない。たとえ公共の利益になる論評であっても、相手の名誉感情を害する行為をすれば、名誉毀損事件よりも簡単に起訴できるわけである。こうしたことから、もともと侮辱罪には、憲法で保障されている言論の自由をおびやかす危険が指摘されていた。

侮辱罪の刑が重くなり、公訴時効期間も延びたことから、今後、侮辱罪による告訴は増加すると思われる。特捜検察が恣意的に告訴を受理する可能性も否定できない。次に述べる「『噂の眞相』名誉毀損事件」は、まさにそのような事件である。

検察による刑事名誉毀損罪の濫用

『噂の眞相』は、ジャーナリストの岡留安則氏が一九七九年に創刊した月刊誌で、事件当時には発行部数六万部を超え、メディアの重要な一角を占めていた。

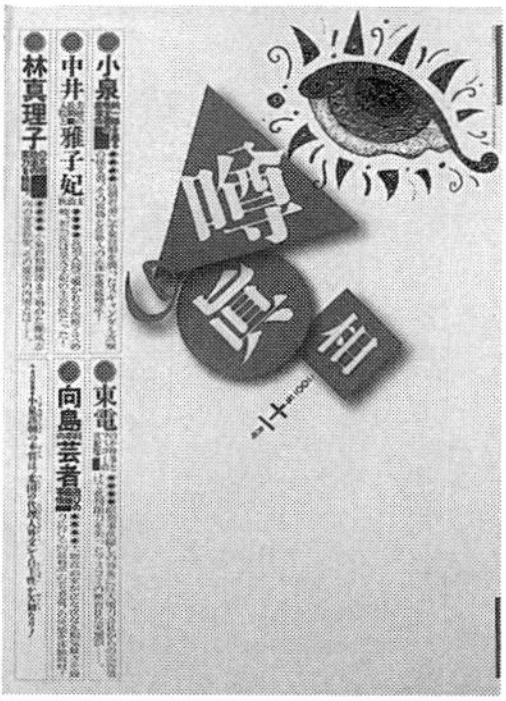

「タブーなき雑誌」を標榜し、政・官・財のみならず作家や文化人に対しても容赦ない批判記事を掲載した『噂の眞相』

「タブーなき雑誌としての自由な言論活動」をモットーとしていた同誌は、政財官界の権力構造に鋭く切り込み、作家・文化人などに対しても容赦なく批判記事を掲載していた。また、検察官に関する醜聞も遠慮なくすっぱ抜くなどして、検察批判を展開していた。

一九九五年六月一三日、同誌の岡留編集長と記者の神林広恵さんは、刑事の名誉毀損罪で東京地検特捜部により在宅起訴された。名誉毀損罪に該当するとされたのは、マーケティングコンサルタントの西川りゅうじん氏に関する一九九三年六月号の記事と、推理作家の和久峻三《わくしゅんぞう》氏に関する一九九四年一月号の記事であった。

和久峻三氏の関係で言うならば、①最近の和久峻三の小説はパクリが多く、またゴーストライターを使うことも多く、推理小説としての展開も雑で、作家としての力量の衰えは目に余る、②夫婦の寝室をラブホテルのように改造したり、妻のエッチな下着を外に干したりしているなど私生活暴露、という二本立てから成っていた。

これらは作者・作品に対する批判レベルの話であり、刑事事件として問題にする事件とはとうてい思えない。明治時代に、日本のジャーナリズムの草分けの一人である宮武外骨《みやたけがいこつ》が官吏侮辱罪に問われた事件などはあるが、昭和の新憲法になってからでは前代未聞だったと思う。まして、特捜検察が動くというのは尋常ではない。

公判は九五年九月二八日から始まった。冒頭、清水英夫《しみずひでお》弁護団長は、名誉毀損罪が権力者の大衆弾圧手段として用いられた歴史や、現在ではどこの国でも名誉毀損を犯罪として訴追するのは稀であることをていねいに論じて、刑事名誉毀損罪の適用と解釈にあたっては、特に表現の自由の保障を念頭に置かなければならない、などの主張を展開した。

裁判は、東京地裁だけで七年近くも続き、その間に裁判長が二回代わった。

弁護側立証では、一〇人の証人尋問が行われた。我々は、和久峻三氏の最近の小説がどのような資料からどのようにパクっているか、それは単なるヒントというレベルではないこと、小説としての出来栄えもひどく悪いことを、これでもかこれでもかというほど立証した。さらに、実際にゴーストライターを務めた人に証人として出廷してもらい、ゴーストの実態をあからさまに証言してもらった。和久氏のパクリやゴーストが真実であることは充分に立証したと、我々は思っていた。


ところが、〇二年三月に下されたのは有罪判決であった。岡留氏は懲役八ヵ月・執行猶予二年、神林さんは懲役五ヵ月・執行猶予二年を言い渡された。

裁判所（木《き》口《ぐち》信之《のぶゆき》裁判長）は、①のパクリやゴーストの問題は、和久峻三氏が「自己の著作物として公表している著作等が真に同人の手になる著作物であるか否かは、当然一般読者の関心を持つところと推認されることなどにも照らすと、その摘示事実は――中略――公共の利害に関する事実に当たると解するのが相当」としながらも、他方で、②の和久夫妻の私生活についての摘示事実は「公共の利害に関する事実には当たらない」とし、①と②の事実摘示は「同一記事中に不可分の形で行われ、全体として和久及び古屋陽子（和久氏の妻）

の名誉を対象とする一個の名誉毀損行為を構成することが明らかであるから——中略——違法性の阻却《そきゃく》（斥けること）などを問題にする余地はない」として、結局、パクリやゴーストが「真実」であったか否かにはまったく触れずに有罪判決を下したのである。

これはかなりひどい話である。一つの記事のなかに名誉やプライバシーに関する複数の記述があるのは普通のことだ。民事名誉毀損では、それぞれの記述ごとに名誉毀損の有無などが判断されるのが当然とされている。「不可分」などと言われることはない。仮に、②で名誉毀損を認めるとしても、①について無罪か否かは別個に判断しなければならないはずであり、「不可分」として判断しなくていいという理由があるはずがない。

そもそも、本件記事のなかで、①の作家としての仕事そのものが問われている問題と、②の私生活上のちょっとした醜状との、どちらが主たる問題であるかは、歴然としている。そのバランスを無視して、このような「不可分一体」という言葉遊びのような形で片付けることには、なんとも合点がいかなかった。

結局、裁判所は、問題を正面から判断することから逃げたのである。私たちは、控訴、上告したが、新たな証拠調べすら認められず、結果は変わらなかった。

侮辱罪の恣意的運用で言論弾圧の危険性も

『噂の眞相』名誉毀損事件は、同誌に対する検察官の私怨も絡んでいる感じで、表現の自由に対する威嚇として重大な問題であることは明らかであった。我々は弁論のなかで、この恣意的起訴の最も大きな理由として『噂の眞相』による検察批判キャンペーンを挙げ、「これは、検察官一体の制度からみても検察一家の復讐の色が深く、まさに権力の濫用と呼ぶにふさわしい事件である」と主張していた。

特捜検察が三〇年近くも前からここまで翼を広げていたことは、名誉毀損よりも事件化しやすい侮辱についての法律が厳罰化されたいま、大きな危機感に繋がる。

たとえば、単に本人がむっとするようなことであっても、公然と言ったりSNS上に記載したりして、それが本人に伝われば、侮辱として告訴されるかもしれない。通常、名誉毀損や侮辱で告訴しても検察はなかなか受理しないが、特捜がターゲットにしている人物が告訴された場合には、「これ幸い」とばかりに侮辱罪で起訴してもおかしくない。

侮辱罪が政治的に利用される危険性もある。二〇一九年の参院選で、安倍晋三首相の街頭演説でヤジを飛ばした聴衆が警察に排除されたことがあったが、こうしたヤジも侮辱罪の対象になり得る。それを立件するのは大変だと思うが、ヤジを飛ばしたその場で「侮辱罪で検挙するぞ」と威圧することは簡単だ。それだけで怯んでしまう人もいるだろう。

デモの際のシュプレヒコールやプラカードの文言なども同様である。かつて、自民党幹事長だった石破茂《いしばしげる》氏が、自身のブログで、特定秘密保護法案に反対するデモについて「テロ行為と変わらない」と指摘し、その後、この記事を修正したことがあった。石破氏は記事について「謝罪」したうえで、特定秘密保護法案反対デモについては、「本来あるべき民主主義とは相容れないものであるように思います」と述べていた。このような考え方の政治家は、おそらくほかにもいるであろう。

権力側にとって、侮辱罪は今回の厳罰化で使い勝手がよくなった。名誉毀損と違って侮辱には抗弁の規定がないから、「真実だと思って言った」と反論することもできない。逮捕するかどうかは別にしても、威嚇効果は相当にあると思われる。

権力が今すぐ誰かを標的にして侮辱罪という「刀」を抜くことはないと思うが、これから先、おかしな政治家が出てきて侮辱罪で政敵を訴えたり、特捜検察が自分たちにとって非常に目障りなメディア、ジャーナリスト、評論家などを侮辱罪で起訴したりすることが増えるかもしれない。この懸念は、けっして「杞憂《きゆう》」とは言えないと思う。

結果として、皆が言いたいことを遠慮するような社会になる。それはまさに、意思表示や表現の自由に対する抑圧であり、言論統制そのものである。

＊

侮辱罪の厳罰化をめぐる議論は、二〇二〇年に女子プロレスラーの木村花《きむらはな》さんが、出演していたインターネットテレビの番組内での言動について、ネット上で繰り返し誹謗《ひぼう》中傷を受けて自殺してしまうという事件をきっかけに加速した。

二〇一九年、東京・池袋で高齢者が運転する乗用車が暴走し一二人が死傷した「池袋暴走事故」では、この事故で妻と幼い娘を亡くした松永拓也《まつながたくや》氏について、「金や反響目当てで闘っているようにしか見えない」などの内容をTwitterに投稿した若者Yが侮辱罪などに問われ、二〇二三年一月に有罪判決が確定した。侮辱罪については告訴時期が厳罰化以前であったため、Yには旧法で最大の量刑である拘留二九日の有罪判決が言い渡された。拘留は執行猶予の対象ではないため、Yは刑事施設に収容されることとなった。

松永氏は、「誹謗中傷をしたことがある人たちには、民事や刑事上の責任を問われるリスクを背負ってまで誹謗中傷をしたいのか、考えてほしい」などとコメントしていた。

私は、侮辱罪を厳罰化するよりも、松永氏や木村花さんの母親のように、侮辱された方やその遺族の方々が、ただちに反撃できるような民事レベルの対応がとれる環境を整備するほうがいいのではないかと思う。刑事的手段に及ばなくても、自分の名前も出さずに他人を侮辱している人物に、民事的紛争の場に出てきてもらい、その発言が妥当かどうかを争うほうが、誹謗中傷の被害者にとっては有益ではないかと思う。

特に対応が求められるのは、ＳＮＳやブログなどに書き込まれる匿名のコメントである。発信者が実名を出して批判を行うならいざしらず、匿名を隠れ蓑にして誹謗中傷を繰り返し行うような悪質な行為は許されるものではない。

しかし、ごく最近まで、被害者側は、こうした誹謗中傷を法的な手段によって止めるためには、まずプロバイダ側に匿名発信者の情報の開示を求める裁判を起こし、情報開示を実現したあとに再度、発信者に対して裁判を起こす必要があった。

二二年に改正法が施行された、いわゆる「プロバイダ責任制限法」により、ネット上に誰かの権利を侵害する情報が流された際、被害者は従前より簡易な手続きで発信者を特定できるようになったが、まだまだ認知されておらず、実務的な制約も多いのが実情だ。こうした取り組みの実効性をより高める工夫を重ねていけば、侮辱罪や名誉毀損を厳罰化するよりも大きな成果が得られるはずだ。

警察や検察に委ねても、彼らは自分たちが「やりたい」案件だけを恣意的に選別することが目に見えているからである。

弁護側に不利な面もある公判前整理手続

公判前整理手続は、刑事裁判を迅速に進めるための合理的な制度である。

公判前整理では、まず検察官が「証明予定事実」として、詳細な検察官ストーリーの内容を明らかにし、それを固めるための検察側の証拠が開示される。

もともと、公判前整理がなくても、検察側は法廷での取り調べを予定している証拠については事前に開示しなければならなかった。それが、公判前整理手続制度の導入後は、検察官が取り調べを求める証拠に関連する証拠物や、供述調書、取調べ状況報告書などを、すべて弁護側が開示請求できるようになった（これを「類型証拠開示請求」という）。

それに加えて、弁護側の主張を裏付ける証拠で、かつ検察官の手元にある証拠（主張関連証拠）の開示を弁護側が求めた場合には、検察官はそれも開示しなければならないことも法律に定められた。

公判前整理手続の導入によって、かつてのように検察にとって都合が悪いからといって開示を拒否できなくなり、刑事弁護がしやすくなったという面はある。

しかし、この制度は、弁護人側にとって不利な面もある。

公判前整理手続では、弁護人側も公判前整理のなかの短い期間に主張を提示し、それについての手持ちの申請予定の証拠をすべて開示しなければならない。そして、公判が始まると、原則としては新たな証拠は出せないことになっている。これは、検察官と弁護人が置かれた立場の圧倒的な違いを軽視したものであり、不公平な制限である。

検察官は、起訴前の段階で、何人もの検察官、職員、警察官を使い、強力な捜査権限に基づいて、あらゆる場所を捜索して一斉に証拠を押収し、また、すべての関係者を呼びつけて長時間取り調べることができる。

しかし、弁護人は、検察官の手元に何があるのか、事件関係者にはどんな人がいて、どんな供述をしているのかという基本的な情報さえ、公判前整理手続のなかで少しずつわかってくるにすぎない。

検察官と弁護人とでは、権限も、スタート時期も、手持ちの材料も、まったくかけ離れているのに、法廷でまったく同じ条件を課して闘わせるというのは、まことにアンフェアである。村木厚子事件で無罪判決の決定打となった石井一議員のゴルフ場の「アリバイ」にしても、我々弁護団が公判中に石井氏の手帳から偶然発見したものだった。

しかも、被告人の無罪を証明し得る証拠が検察によって隠されてしまう事例もある。安部英医師薬害エイズ事件では、HIV（いわゆるエイズウイルス）を発見したバレ＝シヌシ博士やギャロ博士の嘱託尋問調書を検察が二年半あまりも隠し続けた。両博士の証言は、安部氏の無罪を裏付ける内容であった。ゴーン事件では、大量の電磁的証拠が消去された。秋元司氏の事件では、故意か偶然かは不明だが、検察が押収した被告人のスマートフォンから通話記録が消えていた。このような事例は、他の事件でも決して少なくないはずである。

したがって、弁護側については、公判前整理手続終了後の追加主張や追加証拠申請が大幅に認められるべきだと思う。一方、検察側の追加主張や追加証拠申請は厳しく制限すべきであろう。

特捜事件には遠慮がちな裁判所

「被告人は罪を逃れようとうそをつくが、捜査官にはうそをつく動機がない」と思い込んでいる「迷信型」の裁判官が少なくない――。

元東京高裁判事の木谷明《きたにあきら》弁護士は、冤罪事件についての「毎日新聞」（二〇二二年八月一〇日）の取材に対して、このように語っていた。木谷氏は、裁判官時代に約三〇件の無罪判決を確定させ、我が国の刑事司法の現状についても苦言を呈してきた方である。

木谷氏が指摘するように、概して裁判官というのは、被告人が否認していても、「検察官が起訴したのだから、やったのだろう」と考えがちである。被告人は検察に無理やり自白させられたのではないかと、いくら弁護側が言っても、それほど強い関心を示さない。

嘘を言う被告人も実際にはたくさんいると思うし、裁判官はそういう人と毎日付き合っているわけだから、いつも新たな気持ちで裁判に臨むのはなかなか難しいのかもしれない。

また、「九九・九％有罪」と言われる日本の刑事事件で無罪判決を書くことは、非常にハードルが高いのかもしれない。問題がありそうであっても、検察側に証拠として並べられてしまうと、裁判官が「こういう証拠は信用できない」と言うのは相当勇気が要る。特捜事件の場合であれば、破綻なくストーリーが出来上がっているので、それに沿った認定をしたほうがスムーズに裁判が進むと判断する裁判官もいるであろう。

しかし、「被告人は法廷で本当のことを言わないに決まっている」という前提に立たれてしまったら、弁護側はどうしようもない。そこが検察の付け込みどころになっている。

ことに特捜事件では、検察官が裁判所に対して高圧的で、裁判所も検察官に遠慮がちである。ほかの刑事事件では、このようなことはない。検察庁の頂点に位置する最高検がゴーサインを出した特捜事件は、いわば検察の総意としての事件であり、特捜の面子《メンツ》もかかっている。裁判官は、相手は検察全体だと思ってしまうのか、腰が引けてしまう傾向がある。その事件に無罪判決を出せば検察の総意に反することになる、というプレッシャーもあるのだろう。

村木厚子事件の場合は、良心的な裁判官だったから、検察官作成の供述調書四三通のうち八割に当たる三四通を「信用性がない」として証拠から排除し、村木さんに無罪判決を言い渡した。しかし、もし別の裁判官だったら、法廷証言はすべて信用できないとし、供述調書を全面的に信用して有罪判決を下す可能性もあった。

たとえば、村木さんの部下だった上村氏は、「偽証明書の作成は自分一人でやったことで、村木さんは無関係」と法廷で証言したが、はじめに有罪ありきで適当に料理してしまうようなタイプの裁判官であれば、「上村氏は、かつての上司である村木さんを前にした法廷で、本当のことを言えるはずがない」と判断し、いくら我々が証人尋問で検察の主張を崩したとしても、上村氏の法廷証言を証拠として採用しなかったかもしれない。

現に、秋元司ＩＲ汚職事件の一審では、秋元氏の無罪を証明する元秘書・豊嶋氏の法廷証言が、そのような理屈で証拠として採用されなかったのである。

また、裁判所は、「そもそも検察はなぜこの事案で起訴したのか」といったことには、あまり関心を持たない。カルロス・ゴーン事件は、日産が中心になって特捜部と組み、ゴーン氏を失脚させるためにかなり無理をして作った事件だったが、グレッグ・ケリー氏の一審判決では、こうした事件の全体像について、裁判所は完全に検討をスルーしていた。

自分たちの職務は起訴状に書いてあることが証拠によって事実と認められるかどうかを判断することだと考えている裁判官は、少なくないのかもしれない。

こうした事例を見ていくと、裁判所が特捜検察の「暴走」を許している面も、ないとは言えないように思うのである。

強気一辺倒の上層部が組織を暴走させる

カルロス・ゴーン事件は、脆弱な証拠によるゴーン氏の四度に及ぶ逮捕、人質司法、司法取引の濫用、大量の電磁的証拠の削除、露骨な裁判の引き延ばし、さらにはゴーン氏逃亡後の私の事務所の家宅捜索など、さまざまの問題があった。

これには、ゴーン事件の捜査を指揮した森本宏特捜部長の性格も影響していたのかもしれない。私は森本氏にお会いしたことも、直接喋ったこともないので、実際にどういう方なのかはわからないが、特捜部の強引な姿勢や、証拠開示にきわめて非協力的だったことなどから考えると、かなりアグレッシブな方のようである。そのせいか、私の事務所の家宅捜索について、現場の検察官たちが森本特捜部長に「本気度」をアピールする意味合いもあったのではないかと指摘する声も聞こえてきた。

一般論として言えば、部下から忖度されるような人が組織の上層部にいるのは、まずいのではないかという気がする。現場の人たちが専門家としての判断で動くのではなく、上の機嫌を窺いながら動くことになったら、組織としていいことは一つもないだろう。

無理筋とわかっていても「強行突破すれば結果はついてくる」という強気一辺倒の上層部の下では、現場の人たちもその影響を受けて暴走しやすくなり、組織全体としてますます悪い方向に行ってしまう危険性もあるように思う。

*

森本氏は特捜部での経験が長く、特捜部長時代には、カルロス・ゴーン事件、文科省幹部汚職事件、秋元司ＩＲ汚職事件、河井克行・案里夫妻選挙違反事件、リニア中央新幹線談合事件などの捜査を指揮した。村木さんの事件で発覚した不祥事により、一時は控えめにしていた特捜検察は、これらの事件で「復活」し、華々しい成果を上げたかのようにも見えるが、果たして本当にそうだろうか。

私はこの五件中、リニア中央新幹線談合事件以外のすべてに弁護人として関与してきた（河井夫妻の事案については渡辺典子広島県議の事件のみ）。取り組んだ結果、犯罪性がきわめて疑わしく、検察は何も変わっていないとの感を強くしている。

文科省幹部汚職事件について言えば、事件は二件あり、私は二件とも受任した。

一つは、文科省国際統括官のＸ氏が、ＪＡＸＡ（宇宙航空研究開発機構）に理事として出向中、コンサルティング会社役員のＺ氏から接待を受け、収賄罪に問われた事件だ。Ｘ氏が銀座のクラブなどで接待による豪遊を重ねていたのは事実で、賄賂性がかなり争いにくかったため、執行猶予を狙った。Ｘ氏は、懲役一年六ヵ月、執行猶予三年、追徴金約一五五万円の判決が確定した。

犯罪性が疑わしいのは、もう一つの事件、すなわち文科省の私立大学支援事業（ブランディング事業）をめぐる汚職事件である（以下、役職はすべて事件当時）。

二〇一八年、文科省科学技術・学術政策局長の佐野太氏が、自分の息子を東京医科大学（以下、東京医大）の入学試験に不正に合格させる見返りに、ブランディング事業の対象校に東京医大を選定させる便宜を図ったとして、受託収賄容疑で逮捕・起訴された。東京医大の臼井《うすい》正彦《まさひこ》理事長と鈴木衛《すずきまもる》学長は贈賄容疑で在宅起訴され、仲介役とされる前出のZ氏は受託収賄幇助容疑で逮捕・起訴された。この事件により、東京医大が入学試験の採点で女性受験生や浪人生の点数を不当に操作し、排除していたことも発覚した。

起訴された四人は、いずれも二二年七月に東京地裁で有罪判決を受け、控訴している。我々が弁護している鈴木衛氏は、一審で懲役一年、執行猶予二年の判決を受けた。

この事件の一つの問題点は、「鈴木氏は『贈賄の共犯』と言えるのか」ということである。検察は、佐野・臼井・Zの三氏が料亭で会食した際の全会話の録音データを入手し、立件の基礎としている。この録音データには、ブランディング事業や佐野氏の息子の受験の話も出てくるが、鈴木氏は出席しておらず、この会合があったことさえ知らなかった。

鈴木氏が認識していたのは、「受験者の父親は文科省で相当の地位にいる人で、ブランディング事業で世話になった」ということだけで、佐野氏の名前も、文科省でどういうポジションにいるのかも、具体的に大学側が佐野氏に何をしてもらったのかも知らなかった。

入学試験の直前に、臼井理事長から「この受験生の父親には世話になっているから加点する」と言われ、その言葉に従ってしまったのである。

放火や殺人の場合なら、何のためにその犯罪を行うのか詳しく知らなくても、一緒に火を付けたり殺したりしてしまえば共犯になる。しかし、加点行為のようにそれ自体は犯罪行為でないことについては、目的についてかなりの情報共有がないと共犯にならないはずである。鈴木氏の場合、他の三人とはほとんど情報を共有しておらず、それを共犯とするのは、やりすぎではないかと思う。

特捜部が鈴木氏を逮捕したのは、佐野氏の息子の入試の点数に加点して学内のチェック機関を通した「贈賄」の実行行為を、鈴木氏が主にやったとの見立てをしたからだろう。入学試験で加点も含めて誰を合格させるかは、鈴木学長の専権事項であり、大学の経営の問題ではないので臼井理事長は関係がない、と言われる点を懸念したのであろう。検察は、鈴木氏を起訴しないと本件全体を構成するピースが足りなくなり、かつ、他の三人の被告人からそれを理由に反論されては困ると考え、鈴木氏を「共犯」に仕立てたと思わざるを得ない。

＊

現在、森本宏氏は東京地検の次席検事であり、実務のトップのような位置にいる。

私が角川歴彦氏の弁護をしている東京五輪汚職事件なども、森本氏の影響下にあるのではないかと思う。次席検事は地検全体に目配りをするポジションだから、特捜部長に特化して何かを指示命令するようなことはないだろうが、特捜部長からすると、次席検事の意向を気にして動かざるを得ない面も、ないとは言えないだろう。

歪んだ正義感とプライドが暴走に拍車をかける

概して、検察官というのは、「自分たちは日本のために仕事をしている」という意識を持っているようである。ことに特捜部の検察官は、自分たちで事件を探し出し、自分たちで立件するので、そのような意識が強いと言えるだろう。

実際、特捜部の公判担当検事は、普通の検事に比べてやる気満々に見える。自分たちが「育てた」事件なので、愛着もひとしおなのだろう。国民に注目されながら、国の行方を左右しかねない事件を扱うのだから、「そのへんの公判とはわけが違う」という感覚もあるのかもしれない。

こうした「やる気」や、「自分たちは日本のためにやっている。強引な捜査をして何が悪い」という歪んだ正義感が、彼らを暴走させる要因の一つになっていると思う。

他方で、検察には基本的に「日本の刑事裁判は九九・九％有罪」というプレッシャーがある。特捜事件で失敗したら大変だ、という恐怖心はかなり強いと思われる。シナリオ尋問も、証人が法廷で検察の見立てどおりに話さなかったらどうしよう、という恐怖心からやっているのだと思う。

特捜事件は、いったん動き出したら中止も方向転換もできない闘いだ。特捜部が逮捕に踏み切りながら最終的には不起訴にしたという事例を、少なくとも私は知らない。ことに国策捜査では、標的となるのはたいてい政財界の大物だから、「見立て違いでした」となれば、逮捕にゴーサインを出した検事総長のクビが飛ぶ可能性が高い。「何がなんでも罪を認めさせなければ」というプレッシャーもまた、彼らを暴走させる一要因であろう。

しかも、特捜部は、自ら事件の発端を見つけて捜査し、被疑者や関係者を取り調べ、逮捕し、起訴するすべての権限を有している。捜査権・逮捕権・起訴権の〝一体化〟により、暴走を止めることはますます難しくなってしまう。

逆の見方をすれば、〝一体化〟しているからこそ特捜部は強い、とも言える。被疑者は「特捜に目をつけられたら必ず起訴される」と、非常に恐れるからだ。〝一体化〟がうまく展開するときには、強大な力を発揮する。

しかし、強大な権力を持つ特捜部をチェックする機関はどこにもない。

法務大臣は検察に対して指揮権を発動できるが、これまでに指揮権が発動されたのは、一九五四（昭和二九）年の造船疑獄事件において、犬養健《いぬかいたける》法相が佐藤栄作《さとうえいさく》自由党幹事長の収賄容疑での逮捕を回避させた一例だけである。

＊

じつは、小沢一郎事件で田代政弘検事による捜査報告書虚偽記載問題があったとき、指揮権発動の寸前までいったが、実現しなかったといういきさつがある。

裁判所は、田代検事が引き起こした問題について、「検察審査会の判断を誤らせることはあってはならない」と厳しく批判した。当時の法務大臣は、弁護士としての経験も豊富な小川敏夫《おがわとしお》氏だった。田代検事による捜査報告書の捏造に衝撃を受けた小川法相は、厳正な捜査を行うよう指揮権を発動することを決意した。

しかし結局、この指揮権は、野田佳彦《のだよしひこ》首相（民主党）が賛成しなかったため、発動されなかった。指揮権発動を決意した小川法相は、二〇一二年六月五日に野田首相との面会の約束を取り付けたが、前日の六月四日、「野田改造内閣」によって解任されたのである。ちなみに、民主党のなかでは前々から、消費税増税をめぐって、増税派の野田氏と増税反対派の小沢氏が対立していた。

結局、虚偽の報告が田代検事の「記憶違いによる間違い」として処理されたことは、すでに述べたとおりだ。検察が、自分たちのやった捜査の適否を、自らできちんと判断することは、非常に難しい作業だと言わざるをえない。

＊

勝つことに貪欲な特捜部は、自分たちが行った捜査の適否を検討するどころか、一審で完敗しても、「検察の威信」をかけて控訴することがある。

二〇〇三年に起きた名古屋市道路清掃談合事件では、名古屋地検特捜部に逮捕された名古屋市の局長や部長らが、取り調べ検事から、「特捜部の事件で無罪判決が出た例はない」などと言われて自白を迫られたと報じられた。名古屋地裁は、局長らの関与は認められないと認定して無罪判決を下したが、検察は判決を不服として控訴した。

刑事事件において一審無罪であれば、「疑わしきは罰せず」の法諺《ほうげん》に基づいて検察は基本的に控訴すべきではないと、私は思っている。裁判官が一人で審理する場合はとんでもない勘違いをすることもあり得るからともかくとして、合議体の裁判で三人の裁判官が検討した結果「無罪」と判断したのなら、少なくとも、有罪とすることに合理的な疑いがあることは明らかであり、「疑わしきは罰せず」という原則からして、検察官控訴は間違っていると思うからだ。まして、「検察の威信」などという面子にこだわって控訴するなど、あってはならないことである。

結果的に、名古屋市の事件では、控訴審で局長の無罪が確定した。しかし、この局長は、長い争いの途上で定年を迎え、被告人の立場のまま定年退職するという無念を味わわされたのである。

失敗はどんな組織にも起こり得る。自分たちの捜査の適否を検討し、見立てが間違っていたのなら率直にそれを認めて真摯に反省し、いざとなれば上の人間が腹を切るというスタンスが、検察組織全体に必要だと思う。

特捜検察解体のすすめ

検察に調書中心主義がいまだに罷り通っているのは、検察官が法律家であると同時に、検察庁の組織人として動かなければいけないからだ。

法律家には、バランス感覚が強く求められる。自分の持つさまざまな知識と経験から、「この人は事実を知っているか否か」「この人の言っていることは正しいか否か」という判断をすべきはずである。

ところが検察、ことに特捜部は、初めから検察ストーリーありきで、そこにはめ込んで落として割らせるという手法をもてはやす。そうやって取った調書が上から評価される。

特捜部長は「手柄を立てたい」という意識から、「大きなヤマを挙げろ」と主任検事にプレッシャーをかける。主任検事は、取り調べ担当検事に対して、検察ストーリーに基づいて「こういう供述調書を持って来い」とプレッシャーをかける。個々の検事は、「自分に任された被疑者を落としたい」と考える。その結果、理屈なしに「何がなんでも俺はこいつを落とす」という考え方の検事が出てきてしまう。

特捜部が、法律家として本来必要な個々のバランス感覚を無視して成り立っている限り、村木厚子事件やプレサンスコーポレーション事件のような冤罪事件は、これからも起こり得るだろう。

そもそも、「特捜」の看板を常に掲げている必要があるのだろうか。

「特捜部に配属されたい」「特捜事件はやりがいがある」という考えの検察官は多いのかもしれないが、特捜部が扱うような大きな事件は常にあるわけではない。だから、特捜部は解体したほうがいいと、私は思っている。

むろん、「検察を解体せよ」と言っているのではない。検察のなかに「情報収集部」のような部署を新たにつくり、その部署が大きな疑獄事件などを察知したら、そのつど検察官たちでチームをつくって捜査をすればいいのではないだろうか。

「特別捜査」が「日常捜査」になる必要はないと思うのである。

あとがき

思い起こせば、五十数年前の弁護士になりたての頃は、刑事公安事件の弁護活動に走り回っていた。五十数年を経た現在は、特捜刑事事件への取り組みに明け暮れている。本書でしばしば登場する村木厚子さんの郵便不正事件や小沢一郎氏に対する陸山会事件についての弁護士としての仕事は終わったし、カルロス・ゴーン氏の事件は辞任したが、それでも、鈴木宗男さんの再審事件を含めて、合計八件の特捜刑事事件を抱えている。無罪を主張して正面から特捜と争っている事件ばかりである。この熾烈《しれつ》な弁護活動のなかで、特捜検察のやり方に疑問や憤りを禁じ得ない場面も多々あった。そこで感じた問題には共通点が多く、その問題は日本の司法に悪影響を及ぼしており、さらには国民を裏切るものでさえあると思われるので、いつか、問題点を整理して世に問うことは必要だと思ってきた。その願いが結実したのが本書である。

贈収賄とか粉飾決算という問題が起こると、そこに「正義の使者」として特捜が現れる。国民は、特捜検事が、真相を解明して、邪悪な者たちに制裁を加えることを期待して固唾《かたず》を呑んで見守る。政治家や高級官僚として威張っていた者が、じつは裏で悪事を働いていたというのであり、それを引きずり下ろして処断することに快感を覚える者は多い。こういう場面になると、「真相解明」が叫ばれ、「捜査への全面協力」が謳われ、「第三者委員会」なる別働隊を結成して邪悪な者たちを早々と排除することが流行る。テレビや新聞も、検察が小出しにするリーク情報に踊らされて、検察ストーリーの宣伝に余念がない。このようにして急速に盛り上がったイケイケの雰囲気のなかでは、冷静な議論は影を潜め、「無罪推定」や「適正手続」といった問題は無視されていく。

こうしてみると、郵便不正事件で村木厚子さんを無罪にし、無実の村木さんを追い詰めようとした特捜検事の数々のあくどい手口を明らかにできたことは、本当によかったと思う。特捜の目標が「真相解明」などではないこと、メディアの報じる「検察ストーリー」がでたらめだったことが実例として明らかになったからである。

村木さんは、取り調べの当初は、検察官とは同じレベルの公務員同士という信頼感があり、事実をきちんと説明すればすぐに誤解が解けるものと思い込んでいた。まさか、特捜検事が、相手の話をまともに聞こうともせず、脅しや騙しによって、あらかじめ用意した、そして事実とかけ離れた供述調書に無理矢理サインさせるなど夢にも思わなかった、と述懐している。これは村木さんだけに限ったことではない。特捜事件に巻き込まれた人々の大多数が口を揃えて訴えていることである。

そもそも、検察ストーリーが「真相」であるということは何の保証もない話である。そのストーリーは、検察官の作った「仮説」に過ぎない。対峙する被告人の主張こそが「真相」である可能性は小さくないのである。これは村木さんの事件一つをとっても明らかなことである。したがって、あらゆるものごとは、いずれの主張が「真相」に適合するものかは、とりあえず不明、という前提で進める必要がある。「捜査への協力」を前のめりで行うことは危険である。たとえば、自分のところの職員が検察官から事情聴取の呼び出しを受けたときには、組織としては、信頼できる弁護人を職員につけて必要なアドバイスを与えてもらう必要がある。これは企業が負う当然の安全配慮義務である。「第三者委員会」のようなものの創設も慎重にしたほうがいい。裁判が始まって間もないような段階で、テキトーな人選とテキトーな手続で、早々と「有罪」結論を出して世論に迎合するなどは社会的責任のある人のすべきことではない。メディアとしても、確たる裏付けの取れないリーク情報を一方的に報じることはやめるべきである。

検察の供述調書の作り方にさまざまな問題があることは、本書で詳述したとおりである。憲法第三八条は「強制、拷問もしくは脅迫による自白は、これを証拠とすることができない」旨を規定している。しかし、「認めないと、ずっと勾留が続くぞ」という言葉は脅迫ではないだろうか。保釈が認められるか否かは検察官の意見次第という実務が存するから現実味のある脅迫である。「認めないと、取引先や親族も呼び出すぞ」ということも言われる。

周囲の人に迷惑をかけたくない人には強烈な脅迫である。しかし、否認事件では、このようなことで脅されて自白調書が作られているのが実情である。

ことほどさように、特捜検察の問題点をあげるときりがない。拙著『生涯弁護人』（講談社）では、弁護士生活半世紀の一つの区切りとして、私が関わったさまざまな事件とその顛末《てんまつ》を叙述したが、とりわけ特捜事件では、どの事件でも、わかりやすいストーリーの裏に、思いもよらぬ真実が隠されていることがわかっていただけると思う。

本書の「まえがき」に書いたこととも重なるが、読者の方々には、メディアが報じる「事件の真相」は、あくまでも検察官が思い描いたひとつの「仮説」に過ぎず、真実であるとは限らないことを知っていただきたい。報道機関の方々には、自分たちのしていることが「冤罪」を生み、事件の真相を迷宮に葬り去ることに加担しているかもしれないことに思いを馳せていただきたい。そして本書の「主役」である特捜検事の方々には、事件について見立て違いがあった場合には、恥じることなくそれを認めて「勇気ある撤退」をしていただきたい。組織の論理ではなく、個人の良心に照らして行動してほしい。

国民が求めているのは、そうした当たり前のことができる特捜検察ではないだろうか。

主な参考文献

河上和雄「最近の経済関係事犯について」(二〇〇六年三月二〇日学士会午餐会における講演要旨) https://www.gakushikai.or.jp/magazine/archives/archives_860_3.html
佐藤栄佐久『知事抹殺』(二〇〇九年、平凡社)
「SAPIO」(二〇〇九年一二月二三日・二〇一〇年一月四日合併号、小学館)
今西憲之+週刊朝日取材班『私は無実です』(二〇一〇年、朝日新聞出版)
魚住昭『冤罪法廷』(二〇一〇年、講談社)
鈴木宗男『汚名』(二〇一〇年、講談社)
三井環『検察の大罪』(二〇一〇年、講談社)
三井環『「権力」に操られる検察』(二〇一〇年、双葉社)
大坪弘道『勾留百二十日』(二〇一一年、文藝春秋)
「法制審議会 新時代の刑事司法制度特別部会 第5回会議 議事録」(二〇一一年) https://www.moj.go.jp/content/000084089.pdf
「検察の在り方検討会議 第6回会議 議事録」(二〇一一年) https://www.prop.or.jp/news/topics/2011/20110223_01.html
村山治『検察』(二〇一二年、新潮社)
「本の窓」(二〇一四年三・四月号、小学館)
宗像紀夫『特捜は「巨悪」を捕らえたか』(二〇一九年、WAC)
村木厚子『私は負けない』(二〇一三年、聞き手・構成:江川紹子、中央公論新社)
「中國新聞デジタル版」二〇二一年一月九日「詳報・克行被告第25回公判 渡辺典子広島県議証言2」
あきもと司『事実無根』(二〇二二年、徳間書店)
「週刊文春デジタル」(二〇二三年七月二八日号、文藝春秋)
「毎日新聞」二〇二三年八月一〇日夕刊「無実の人を処罰しない 元『伝説の裁判官』冤罪救済に尽力」

本文構成 竹内恵子
企画・編集協力 岡村啓嗣

講談社現代新書　2713

特《とく》捜《そう》検《けん》察《さつ》の正《しょう》体《たい》

二〇二三年七月二〇日第一刷発行

著者　弘《ひろ》中《なか》惇《じゅん》一《いち》郎《ろう》 ©Junichiro Hironaka 2023

発行者　鈴木章一

発行所　株式会社講談社

東京都文京区音羽二丁目一二―二一　郵便番号一一二―八〇〇一

電話　〇三―五三九五―三五二一　編集（現代新書）

〇三―五三九五―四四一五　販売

〇三―五三九五―三六一五　業務

装幀者　中島英樹／中島デザイン

印刷所　株式会社ＫＰＳプロダクツ

製本所　株式会社国宝社

定価はカバーに表示してあります　Printed in Japan

N.D.C. 326　286p　18cm

ISBN978-4-06-530877-6

「講談社現代新書」の刊行にあたって

教養は万人が身をもって養い創造すべきものであって、一部の専門家の占有物として、ただ一方的に人々の手もとに配布され伝達されうるものではありません。

しかし、不幸にしてわが国の現状では、教養の重要な養いとなるべき書物は、ほとんど講壇からの天下りや単なる解説に終始し、知識技術を真剣に希求する青少年・学生・一般民衆の根本的な疑問や興味は、けっして十分に答えられ、解きほぐされ、手引きされることがありません。万人の内奥から発した真正の教養への芽ばえが、こうして放置され、むなしく滅びさる運命にゆだねられているのです。

このことは、中・高校だけで教育をおわる人々の成長をはばんでいるだけでなく、大学に進んだり、インテリと目されたりする人々の精神力の健康さえもむしばみ、わが国の文化の実質をまことに脆弱なものにしています。単なる博識以上の根強い思索力・判断力、および確かな技術にささえられた教養を必要とする日本の将来にとって、これは真剣に憂慮されなければならない事態であるといわなければなりません。

わたしたちの「講談社現代新書」は、この事態の克服を意図して計画されたものです。これによってわたしたちは、講壇からの天下りでもなく、単なる解説書でもない、もっぱら万人の魂に生ずる初発的かつ根本的な問題をとらえ、掘り起こし、手引きし、しかも最新の知識への展望を万人に確立させる書物を、新しく世の中に送り出したいと念願しています。

わたしたちは、創業以来民衆を対象とする啓蒙の仕事に専心してきた講談社にとって、これこそもっともふさわしい課題であり、伝統ある出版社としての義務でもあると考えているのです。

一九六四年四月　野間省一